PIPA GULETA

Gustavo Pino Salgado

Primera edición: Marzo 2024

Segunda Edición: Octubre 2024

Novela Juvenil (J)

Narrativa, contemporánea

Para lectores de 12 a 15 años

Título: Pipa Guleta

Autor: Gustavo Pino Salgado

Editor: Gustavo Pino Salgado

Colabora: Salomé Moure Saa

Gracias por la adquisición de este libro.

Asimismo, por respetar las normas naturales de los derechos de autor al no copiar, no reproducir ni escanear parte o la totalidad del contenido de esta obra.

Derechos reservados a nombre del autor.

© Copyright author: Gustavo Pino Salgado

© Copyright year: 2024

International S. Book Number (ISBN): 9781326911560

Registro Propiedad Intelectual (RPI): 00765-01789421

Dedicada: A nuestra nieta, **Martina Pino Ventura**

TABLA DE CONTENIDOS

1. LA CABAÑA 8
2. LA ABUELA 19
3. EL NOMBRE DE PIPA 27
4. LA FORMACIÓN 37
5. MEIGAS Y BRUXAS 50
6. SER MUJER 60
7. EL CATORCE CUMPLEAÑOS 70
8. ÚLTIMO VIAJE DE LA ABUELA ... 83
9. LA ROCA 99
10. SU APELLIDO 110
11. LOS MASTINES 120
12. CONTODO 128
13. PEQUEÑECES 143
14. EMOCIONES 152
15. EL ORFANATO 163
16. CONVIVENCIA 176
17. VIVIENDO EL ENTROIDO 188
18. SÁBADO EN PONTE VELLA 198
19. DINERO Y OCIO 209
20. DOMINGO EN LA PLAYA 219
21. ANOCHECER Y AMANECER ... 229

1 LA CABAÑA

La abuela Alicia jamás mentía. Ella sostenía que su cabaña construida en los bosques de Las Goletas era la más chula, era chulísima. Tenía la categoría de cabaña porque no estaba situada dentro del pueblo de Mourazos, el más cercano por los alrededores, sino que estaba sola en la montaña, sin ninguna otra edificación en tres o cuatro kilómetros a la redonda. Era muy chula porque cualquier persona que la veía por fuera, desde la pista forestal que por las inmediaciones pasaba, encantado con ella se quedaba. Y, sobre todo, era chulísima porque a pocos metros de su puerta de entrada había dos chopos frondosos, a los cuales la abuela había atado una hamaca grande con los colores del arcoíris, la mejor del mundo, una guapada.

Cuando Alicia se tumbaba sobre aquella hamaca, sus ojos se abrían grande para admirar los más grandes prodigios de la tierra, unas maravillas escondidas al mundo, a internet e, incluso, a la gran mayoría de los nativos que deambulaban por los pueblecitos de la comarca de Verín, la más soleada, relampagueante y misteriosa de la provincia de Ourense. Esas maravillas solo podían ser observadas por personas con los sentidos sensibles, sin avaricia apretada, sin egoísmo desmedido.

Un puentecillo cautivador y una pista forestal centelleante iluminaban esos sentidos. Además, siguiendo el ojo del puente bajaba un riachuelillo silencioso, conocido por los lugareños como Regato de Sandín, por donde jugueteaban, se asomaban y se escondían unas truchas listísimas y muy pícaras.

Justo al lado del puente se encontraba una pequeña roca de no más de dos metros de altura, la cual tenía forma de estrella polar. Sobre la parte central de esta extraña roca, la naturaleza había realizado un corte vertical y ovalado de unos veinte centímetros de largo por otros diez de ancho. Por este hueco salía hacia el exterior un chorro de agua con el que se podía llenar un cubo de diez litros cada ocho segundos. El manantial era constante, tanto en verano como en invierno. El agua salía fría, casi helada, la cual procedía de unas montañas al norte que conservaban nieve en sus cumbres una buena parte del año.

De otra parte, situada río arriba y a unos centenares de metros de distancia se podía contemplar una roca impresionante, tanto por su grandiosidad como por su forma de Diosa protectora. Era tan sumamente poderosa que su presencia iluminaba los ojos de los muy poquitos montañeros incrédulos que por allí se atrevían a perderse, al tiempo que embelesaba el espíritu de los muy escasos creyentes que por aquellos lares osaban ir en peregrinación.

Esas eran algunas de las maravillas que desde la hamaca arcoíris se podía contemplar. Una roca grandiosa, que podía divisarse desde muchas partes del Valle de Monterrey, el cual era conocido por los nativos como «*Val do Monterrei*»; un puentecillo de piedras brillantes como cometas fugaces que iluminaban la noche; un riachuelillo de aguas incoloras, inodoras e insaboras, únicas en el mundo; y, una pista forestal por donde corrían carros tirados por parejas de yeguas con las orejas y sus colas engalanadas.

Todo ello era vida y sangre de aquellas montañas, puesto que todas aquellas maravillas formaban parte de la leyenda antigua, de los recuerdos de épocas pasadas, de los sueños presentes de almas inquietas y, sin lugar a duda, servirían para seguir reanimando el relato futuro de los nativos durante las noches invernales alrededor de la hoguera. Estas leyendas alimentaban el delirio de las gentes sencillas que por las montañas nevadas y por los bosques húmedos se habían movido durante muchos siglos y se seguirían moviendo dentro de muchos más.

Las gentes mayores de aquel *Val do Monterrei* sabían muy bien lo que era una pista forestal, pero un chiquito de edad temprana preguntó a la profesora Alicia, que en aquel tiempo ejercía de profesora, en medio de una clase de naturaleza en vivo:

—Profesora, ¿qué es una pista forestal?

—Pues mira, una «pista» es como un camino más o menos ancho. Su suelo o firme no tiene generalmente ni asfalto ni cemento, sino que está hecho con piedras pequeñas y tierra prensada, por eso se le llama pista. Y es «forestal» porque el recorrido de esa pista transcurre por bosques y montañas, lo que posibilita poder acceder a esas zonas y disfrutar de sus maravillas.

—¿Y para qué sirve una pista forestal? Eh, ¿es cómo un alambre estirado que va desde el río hasta las nubes? —Repreguntó el niño esperando tener razón y que su imaginación no se llevara un chasco.

—No, mi niño. Una pista forestal no es un teleférico ni tampoco una autopista. Es un camino ancho de tierra prensada, por donde pueden circular preferiblemente coches y motos todoterreno, así como personas jóvenes de ágil movilidad. Si desde el valle te fijas en el trazado de una pista forestal parece una larga culebra serpenteante por las barrigas de los bosques y por los lomos de las montañas.

El papá de Alicia había sido el fundador de la cabaña situada en una zona amplia, boscosa y montañosa, sin casas ni bodegas cercanas, cuya zona se denominaba Las Goletas. A esa zona solo podía accederse mediante una pista forestal que partía del pueblo de Mourazos y se perdía en unos montes olvidados hasta cruzar al otro lado y adentrarse en el pueblo de Vilar de Cervos. A unos tres kilómetros entre cada una de esas dos poblaciones se encontraba esa cabaña, inmersa en un silencio inmenso, solo roto por la furia del viento cuando se despertaba y soplaba enfurecido por los desmanes de los humanos contra la naturaleza.

Inicialmente, aquel tipo de construcción no había nacido exactamente bajo la idea de cabaña, sino como un lugar donde dejar recogidos y guardados los aperos de labranza. El padre de Alicia había sido un hombre inquieto, amigo de la aventura y enemigo de las mentiras, si bien las dificultades de la vida en su época, allá por el año mil novecientos en que había nacido, no ofrecía muchas más posibilidades a la verdad y a la esperanza.

Probablemente esos fueran los rasgos que el padre de Alicia le transmitió genéticamente a su hija: esa energía para desenvolverse en alguna situación un tanto hostil, como había sido rechazar y ahuyentar a una fiera supuestamente dañina que pretendía amedrentarla; esa habilidad para procurarse las necesidades mínimas que te lleven a ser autosuficiente en tu vida; esa necesidad de respirar aire limpio; de dormir en compañía del silencio; de conformarse con lo que la naturaleza te ofrece, sin pretender acumular una docena de manzanas que acabarán estropeándose, cuando tu consumo tiene suficiente con solamente tres.

El papá de la abuela Alicia se percató de lo insensatos que éramos la mayoría de los humanos llamados civilizados. Muchos humanos cometemos la insensatez de amontonarnos en pisos integrados en ciudades masificadas como colmenas de abejas, sin tan siquiera una ventana para contemplar un amanecer de nuestra estrella solar. Eso es un despropósito, porque la paz de la montaña es uno de los mayores regalos que nos ofrece la naturaleza y, aun así, los humanos seguimos equivocándonos, ya que somos el único animal que hoy tropieza dos veces en la misma piedra, pero mañana repite.

Aquel chico despierto, el mismo chiquito de edad temprana, volvió a interesarse por el significado de un término que él desconocía.

—¿Qué quiere decir eso de «un despropósito»?

Esta vez su profesora Alicia, con calma, le contestó:

—Ah, muy bien. Todos deberíamos hacer lo mismo, preguntar cuando desconocemos algo. Respecto de tu pregunta, un despropósito es una decisión desacertada, un contrasentido. En relación con la forma de vida de las gentes de hoy, muchos ciudadanos se amontonan en lugares ruidosos producidos por otras muchas personas y, sin embargo, no valoran la paz y el silencio de los bosques ni de las montañas. Eso es un despropósito.

El papá de Alicia era muy práctico; tenía muy poquitas manías. El primer sábado del mes de mayo del año mil novecientos sesenta, que hacía un día espléndido, subió a su finca preferida. Allí reunió miles de kilógramos de fuerza, recuperó toneladas de deseos, alimentó millones de ilusiones y, ¡a por ella!, puso la primera piedra de la cabaña que bautizó como «La Guleta», cuyo nombre nació por referencia a la zona donde estaba enclavada que llamaban «Las Goletas».

Comenzó su deseada cabaña haciendo cuatro paredes con unos bloques ligeros de cemento que dieran consistencia al conjunto de la edificación. Quedó una estancia rectangular bastante grande, de unos doce metros de largo por algo más de siete de ancho. Su idea era darle suficiente protección y consistencia para superar los inviernos helados y que su vida cerca de la naturaleza no se convirtiera en un hogar inhóspito y de frío insufrible. Al suelo interior le colocó una buena base de cemento para aislarlo lo más posible de la humedad de la tierra. Sobre el suelo fueron colocadas dos grandes piedras de cantería, de metro y medio de largo por cerca de un metro de ancho, y un grueso considerable. Estas piedras determinarían la zona de la cocina y sobre las cuales se haría el fuego. El tejado, sencillo, a dos aguas, soportado por unas vigas vigorosas de madera de castaño, estaba formado por unas losas de pizarra convenientemente dispuestas para defenderse de la lluvia, con una pequeña chimenea de madera seca que permitiera la salida del humo generado por la leña cuando estuviera verde.

Aquella era una construcción rústica, humilde, pero también era el empeño de un hombre decidido, con la esperanza y el deseo inmensos de verla terminada y quedarse a contemplar las estrellas durante las noches del verano que ya estaba empezando.

Desafortunadamente, nada es para siempre, y la vida de las personas sabias, como lo era el primogénito de la abuela, tampoco. Tuvo que dejar la cabaña temporal de la tierra para irse a la cabaña eterna de más allá de las nubes.

Unos años más tarde, la abuela Alicia, ávida de paz y de tranquilidad, comenzó a efectuar subidas hasta la cabaña que había iniciado su padre. Subía alrededor de las cinco de la tarde, arribaba a la cabaña poco después de las seis y, tras alimentar su espíritu y añadir alguna mejora a la cabaña, regresaba a Mourazos ya entrando en el anochecer.

Pasaron los meses. Ella, con cierta maña, algo de cuerdas y una voluntad de acero, continuó, acabó y transformó aquella construcción simple y sencilla en una auténtica cabaña rústica. Para ello, empezó por las paredes, a las que revistió, tanto por su exterior como por el interior, con unos troncos de madera abiertos longitudinalmente por la mitad, con lo cual se conseguía que la construcción de la cabaña no rompiera la estética del paisaje y aumentara la sensación de calidez.

La abuela estaba acompañada por otro ser vivo, por una gatita que siempre se iba con ella a todas partes. Sin embargo, con esta no podía comunicarse exactamente igual que con una persona. Aun así, miró a su gata y le dijo en voz alta:

—Solo somos felices cuando nos conformamos con lo que tenemos y, generalmente, tenemos más de lo que necesitamos.

Sobre el tejado de pizarra en su día apañado por su padre, Alicia colocó, una buena capa de ramas frondosas de retama amarilla mezclada con otros arbustos de la zona, los cuales entonaban muy bien con la flora del lugar. Estas ramas protegían en gran medida al tejado de la cabaña de las fuertes nevadas y heladas de invierno y de los sofocantes rayos solares del verano y, por añadidura, de los mismos efectos que aquellos causaban a los seres vivientes en el interior de tal palacio.

Y para que la mansión pudiera ser considerada como tal, la abuela se propuso rehacer todo su interior en forma muy imaginativa. Hasta entonces había solamente dos salas, excesivamente grandes y un tanto desaprovechadas, por eso lo consultó con su gatita.

—¿Empezamos? —Le preguntó Alicia a su gatita de raza burmilla, la cual lucía un pelo blanco precioso, solo roto por un repelón marrón encima de una oreja. Esta ya tenía nombre, Abril, porque había nacido en ese mes.

Bueno, como la gata le contestó con un «miau», se puso manos a la obra. Tras la reforma practicada por Alicia, el interior de la cabaña se había convertido en una casa de gran lujo, al menos, en ilusiones. Había colocado unos puntales de madera procedentes de robles secos del grueso de la pata de una silla, las cuales unían el suelo con el techo. Entre esos puntales fue colocando vayas de ramas secas que hacían las veces de paredes divisorias de habitaciones, las cuales posibilitaban un mayor grado de intimidad, no tanto sonoro, pero si visual. De esta forma, ahora la cabaña contaba con cuatro salitas medianas como dormitorio, una pequeña zona dedicada a trastero, así como otra saleta destinada a lo que fuera menester. En el otro lado quedaba un espacio donde estaban ubicados los dos bloques de grandes piedras de cantería sobre las cuales se quemaría leña para hacer fuego, puesto que no podía hacerse encima del piso de madera, ya que se quemaría todo. Un tres pies que servía de base para que en una olla y en una sartén se pudiera cocer y freír lo alimentos primarios existentes. Alrededor del fuego había dos o tres troncos de haya que hacían las veces de asientos, sobre los que poder descansar y acercarse al fuego en las noches gélidas de invierno.

Al lado de los bloques de cantería destinados a soportar el fuego para cocinar y calentarse, se encontraba lo que pretendía ser una especie de mesa formada por las cuatro mitades de dos troncos de castaño, a cuyo alrededor se encontraba algo parecido a cuatro taburetes sobre los que se pudieran sentar los comensales tras una larga jornada de trabajo imaginaria.

Cuando Alicia terminó su obra maestra, observó su trabajo y se congratuló en voz alta.

—Bueno, está muy bien. Este era mi sueño y aquí está. Es cierto que no puedo olvidarme ni apartarme del mundo, pero la vida es un sueño, y como dijo Pedro Calderón de la Barca: «toda la vida es sueño, y los sueños, sueños son».

Acto seguido, mirando hacia el interior de su casita, comenzó a hablar con su gatita.

—Una cabaña con cuatro habitaciones, ¿para qué tantas?

Seguidamente, Alicia se contestó:

—No son tantas. Una para mí, otra para mi nieta, la tercera para mi gatita y, la cuarta, para algún invitado que pudiera venir.

Esta era la cabaña con la que había soñado la abuela Alicia. No era una casa señorial, con lujos, ni mucho menos, puesto que para alcanzar esa categoría faltaban muchas cosas. Allí no había gas butano ni canalizado. No había electricidad, por eso no existía una cocina de inducción ni nada parecido. Tampoco había televisión, ni radio con programas que pudieran adulterar su sangre. Los equipos informáticos no existían, ni siquiera los móviles. Era verdad que alguien podría llevar consigo su teléfono móvil a la cabaña, pero también lo era que serviría de bien poco, ya que no existía ni un solo enchufe para poder cargar su batería ni cobertura de internet alguna. Ella se había prometido a sí misma que los móviles no restarían un gramo de la paz en aquella casita encantada.

El interior de las habitaciones no seguía el patrón de los hoteles de gran lujo, con camas algodonadas, aunque igualmente se podría dormir y soñar, pues seguramente se dormiría más profundamente y los sueños tendrían un final más feliz que en los grandes hoteles.

¿Y cómo se harían las necesidades fisiológicas que todo ser vivo, dado que necesita comer, debe hacer? Sí, claro que sí, ricos o pobres, niños o mayores, todo el mundo está sujeto a los dictados de su tripilla, puesto que ahí nadie es diferente, ahí sí que impera el principio de igualdad.

Bueno, todos hacemos lo mismo, pero no de la misma forma, puesto que no había cuarto de baño en la cabaña. A principios del siglo XX, cuando el papá de Alicia la ideó, en la zona ni se conocían los baños integrados en el hogar. Ese era un lujo que algunos habitantes de ciertas ciudades ostentaban, pero que en aquella casita de nomos no era posible. Sus moradores tenían que conformarse con hacer sus obligaciones fisiológicas, como hacían los montañeros y todo ser viviente en aquel mundo del bosque, en medio de la montaña o yendo a una zona contigua a la cabaña. En esta zona se daba cierta pendiente para que cuando lloviera el curso del agua que bajaba se lo llevara todo hacía el reguero y, siguiendo el curso de este, bajara hasta los confines de los mares, que, al final, con toda su cruda realidad, es donde acaba todo.

¿Necesitaban las personas más medios materiales para ser felices que aquellos que había en la cabaña la Guleta?

Bueno, si preguntáramos a una chica de familia económicamente acomodada que viviera en una ciudad del año dos mil veinte, muy probablemente contestaría que sí, que su móvil conectado a internet y sus gafas de sol súper *fashion* eran vitales e imprescindibles en su vida. Ahora bien, ¿cómo habían vivido las chicas de cien o de quinientos años atrás? ¿Habían sido desdichadas y menos felices sin esos elementos tan vitales actualmente? Pues probablemente no. Pero, claro, todo se mueve sobre capas muy finas, puesto que a una chica que le toque vivir en el futuro, pongamos simplemente, dentro de tres cientos años, seguramente le parezca que una chica de ahora vive en la antigüedad. ¿Cómo podía vivir de aquella manera? Se podría preguntar la joven futura. Pues sí, todo es temporalmente relativo.

El caso era que la vida de la cabaña no ofrecía una felicidad superflua ni temporalmente limitada, ya que la paz que alimentaba el alma un día de martes era tan real e intensa como la que lo hacía un día de domingo. Eso era así porque las alegrías no consistían en fenómenos virtuales e irreales, sino en apreciar cositas pequeñas como la oferta maravillosa de una flor cuando abre y muestra gratuitamente sus pétalos al recibir los primeros rayos solares.

2   LA ABUELA

A la abuela la conocían en el pueblo de Mourazos y en la comarca de Verín con el nombre de Alicia. Ella no era una cascarrabias, en absoluto, si bien la vida muy poco sociable que últimamente vivía por los bosques de Las Goletas había convertido sus facciones en algo cercanas al calificativo de duras, salvo cuando observaba a aquellas personas a las que ella quería, que por ellas vivía y, si hiciera falta, moriría.

Su altura estaba cerquita del metro con setenta centímetros. Su complexión no era bruta, ni mucho menos, aunque sí aguerrida, pues las exigencias del bosque y de la montaña no perdonaban desfallecimientos ni debilidad alguna. Su pelo moreno y liso crecía como el de toda mujer saludable, si bien ella hacía más de cinco lustros que no pisaba una peluquería. No hacía falta, su costumbre era recoger y atar su cabello color ceniza por detrás de su cabeza con un pañuelo de tela descolorido debido al número de lavados soportados, si bien aquellos colores pálidos no le representaban problema alguno relativo a las modas. Cuando su melena bajaba de sus hombros, era el momento en que, con unas tijeras aguzadas en una piedra de pizarra natural extraída de una roca de la zona, cortaba unos diez o quince centímetros de la misma y, sin complejos, hasta el próximo recorte.

—Es mi pelo; con mi pelo hago lo que quiero —sostenía, Alicia, mostrando un cierto grado de rebeldía.

La vida no la había tratado nada bien. Al presente tan solo contaba con seis décadas y media a sus espaldas. Ella era consciente de que no era una jovenzuela quinceañera, pero ni mucho menos se sentía una anciana desgastada. Su problema no era la edad, sino el segundo golpe inhumano recibido, en cuyo momento tuvo que decirle adiós para siempre a su única hija, a su hija del alma, en el mismo día y en el mismo minuto en el que nacía su adorada nieta. Esta niñita era ahora lo máximo para ella, y aunque esta no podría substituir a aquella, cuando ya irremediablemente has perdido a tu hija, ganar una nieta es lo más importante de este mundo. Este presente día era el primer mesversario del nacimiento de su nieta, por la cual, ni los diablos del infierno dudarían, sentía una alegría y devoción inmensas. No obstante, también era el mismo primer mesversario del adiós eterno a su hija, por la qué, ningún habitante del cielo lo contradeciría, también sentía una tristeza y abatimiento enormes. Los dos sucesos de despedida y de bienvenida irían unidos en su alma mientras la abuela tuviera vida. Las dos sensaciones de alegría y de tristeza más profundas de su existencia pervivirían mientras ella tuviera su conciencia activa.

Avanzando unos años en el tiempo y en un plano menos trascendental, ella no condenaba del todo las modas más o menos superfluas, ni tampoco los productos milagrosos casi vacíos de esencia que por doquier se vendían. No obstante, lo cierto era que sus aplausos iban en la dirección contraria. Lo que satisfacía su alma no era la furia de las rebajas comerciales de un *Black Friday*, donde sus paisanas se dejaban las horas y los posibles, ni tampoco los mensajes electrónicos de chafardeo utilizando las redes sociales con la vecina de al lado. Eso le provocaba más bien una sonrisa tibia, pero sin ningún tipo de consideración ni juicio. Su alma anhelaba vivir en paz, la paz que viven las personas satisfechas; sentir silencio, el silencio que sienten las golondrinas en la hora de la siesta; y, aspirar aire puro, el aire puro que solo puede que exista en algún planeta por descubrir y a donde no hubieran llegado los humanos, los seres más destructores del metaverso.

¿Eso era así porque Alicia era una mujer insociable, orgullosa en demasía?

No, nada de eso. Ella era mucho más sencilla que las estrellas que brillaban en el firmamento, las cuales se empeñaban en seguir brillando por el solo hecho de brillar, pero que, ineludiblemente, iban perdiendo luz y brillo con el paso de los siglos. La abuela, sin embargo, no es que brillara con más fuerza cada año, sino que cada vez se expresaba con más sensatez, tiraba más de calma y gesticulaba con menos aspavientos. Esto no sucedía por cansancio, sino porque su mirada serena era capaz de envolver y apaciguar a las víboras indignadas y a muchos humanos preocupados por haber acumulado pocas pertenencias económicas.

—¡Qué ilusos! La avaricia es el peor enemigo del hombre —Sostenía Alicia. —Es lícito aspirar a más, pero es tan lícito conformarse y ser feliz con lo que se tiene. Nadie debería confundir la virtud de ganarse el pan e, incluso, procurarse un cierto bienestar, con acumular fortunas que adulteran la esencia de las personas.

La abuela sabía que la paz, el silencio y el aire puro que anhelaban su alma y su sangre no vendrían nunca del lado del llamado mundo civilizado. Ella estaba totalmente convencida que esos anhelos no los alcanzaría nunca acercándose a las llamadas mentes modernas, ni agasajando los inventos espectaculares. No señor, no. Después de cerca de una vida siendo una ciudadana ejemplar, su corazón le ratificó que lo que iba a satisfacer sus ojos, sus oídos, su alma y su espíritu era la paz y el silencio. La paz del bosque abandonada por los humanos sobreocupados. El silencio de la montaña olvidada por todos aquellos que nunca la había ni siquiera conocido.

Por eso, cuando su marido y amado compañero, cuyo recuerdo siempre perviviría en su corazón, tuvo que irse de este universo de los vivos y la dejó sola, ese primer golpe le quitó más de media vida. Pocos meses después, una vez ya jubilada y bastante empujada por las ausencias de su marido y de su hija, ella se desprendió de los suaves algodones perfumados y de las tarjetas bancarias adornadas de ese medio mundo civilizado para irse a su otro medio mundo, al verdadero, al incivilizado.

Sí, señor, esa era la voluntad de la abuela.

Esta decisión resultó muy difícil y dura para Alicia, sobre todo, y, por encima de todo, porque dejaba atrás a su adorada nieta de casi medio año. Eso le dolía, pero la visión de lo importante que tenía su yerno y, al mismo tiempo, padre de su nieta era incompatible con sus propios anhelos y necesidades. El padre de su nieta era su padre, y ella solo era su abuela. Con esa realidad, el padre, rodeado de ilusiones festivaleras, impidió que su hija pudiera convivir con una vieja descerebrada, algo meiga y perdida por las montañas como él la calificaba. De esa forma, su abuela, con el corazón encogido y oprimido, decidió apartarse y retirarse con su propia soledad.

Una mañana gris, con nubes tan pesadas como alforjas llenas de plomo oscuro, Alicia apoyó en su hombro un bastón robusto. En este colgó un atado de tela con media docena de cosas, muchísimas menos de las que la gente egoísta necesitaba y, como era su vida, tomó su gran decisión. Con gran dolor en su frente y en todo su ser se despidió mentalmente de su nieta. Cerró la puerta de su casa y puso rumbo a los bosques de Las Goletas, se marcó como destino su cabaña llamada «La Guleta».

Sobre el medio año más tarde, cuando su nieta ya se acercaba al primer añito de vida, la abuela Alicia regresó al pueblo de Mourazos, donde residían su yerno y su niña más querida. La nieta no vivía en las mejores condiciones, no tanto de medios materiales, los cuales no era tan valorados por la abuela, sino emocionales y sentimentales. Intentó ofrecerle ayuda a su yerno, al padre de la niña, proponiéndole quedarse a cuidar de ella allí en el pueblo de Mourazos. Si eso no fuera posible, porque su presencia provocara alergias en el pueblo, se la llevaría a la cabaña de la Guleta, a donde podría el padre subir siempre que quisiera e, incluso, quedarse allí con ellas, temporal o definitivamente. Imposible, ese padre prefirió que su hija pudiera sufrir ciertas desatenciones antes que, según él, se viciara de las malas influencias de una abuela descarriada.

Un vecino descerebrado había acusado a la abuela de pretender raptar a la niña y llevársela a las montañas oscuras. Nada más lejos de esa barbaridad. Alicia no tenía intención alguna de plantear batalla sobre eso. El padre tenía los derechos primarios como padre, y ella solo era la abuela.

Con todo, dado que la abuela ahora vivía en el bosque, la mayoría de los vecinos catalogaban a la abuela como una vieja embrujada, por eso se atrevían a criticar, juzgar y a sentenciarla sin más consideraciones:

«El padre es mucho más realista, prudente y consciente que la abuela. La niñita tiene unas necesidades que ninguna de ellas puede ser cubierta en el bosque, viviendo entre *meigas*. ¡Qué bicho raro es esta Alicia!».

Estos y otros asertos mucho más duros fueron utilizados en contra de la abuela, a quién, desde la distancia y el desconocimiento, la plantaron delante de un semáforo encendido y la pusieron de color verde, amarillo y rojo.

Una vecina del pueblo le espetó, en un lunes por la mañana temprano.

—Tú dedícate a lo tuyo, que es hacer pactos con Lucifer.

Alicia no pudo contestarle, porque la vecina era una de esas que tiraba la piedra, pero no defendía sus afirmaciones, sino que se escondía detrás de sus vergüenzas y de la puerta de su casa.

La abuela Alicia lloraba por los rincones. No podía estar con la niña en la casa del pueblo porque, según la mayoría de los vecinos, era una abuela despreciable, sin alma. Tampoco podía llevársela a su cabaña de la Guleta debido a que, según otros tantos, era una abuela cochambrosa, que vivía entre desechos y conjuros.

Con ese panorama, con mucha rabia, contra su yerno y contra los vecinos del pueblo, la abuela sufridora clamaba:

«¿Y qué sabrán estos desinformados si la niña tendría o no cubiertas sus necesidades en la Guleta? ¿Han estado allí arriba? No, ninguno estuvo en la cabaña, pero todos meten cuchara. Eso es producto de mentes ruines y deformadas. Nunca en mi cabaña hubo suciedad ni conjuros, ni nada parecido, sino beneficios de la naturaleza. Allí, en la Guleta, tendría leche de las ovejas, en más cantidad y de mejor calidad que la que toma aquí abajo. Tendría los yogures que hago yo, mucho mejores que los que se pueden comprar en este pueblo, si es que su padre se los compra. Le daría los vegetales que tengo al lado de la cabaña, recién cogidos y sin pesticidas. Tomaría los mejores peces, los que puedo pescar en el riachuelillo de enfrente. Comería buena carne de pollo, de conejo y otras que puedo darle allí. Y en lo demás, tendría cariño y mimos que aquí seguro que no le sobran. Le enseñaría, que para eso fui profesora de instituto, todo lo que necesita saber. Una vez a la semana nos iríamos a la piscina municipal, a la biblioteca, al centro comercial y otras zonas para que la niña pudiera jugar y socializar con otros niños.

Caso de necesidad médica, ojalá que no, yo la llevaría al hospital de Verín antes que cualquiera de estos. Con todo eso, ¿qué se han creído estos berzotas para juzgar que aquí abajo, en el pueblo, estaría mejor que allí arriba, en la cabaña?

No hubo suerte, ni conciencia, ni sensibilidad. Hubo ego personal, lo que sobra en los humanos. Con esa realidad algo atrofiada entre la sangre de ser padre y la conciencia de ser abuela, la suerte era inamovible, estaba clavada y atornillada. Alicia tuvo que sucumbir y regresar sola a La Guleta. El padre sostenía que la niña tenía que crecer en un entorno familiar sano y adecuado. Sí, claro, igual que sostiene todo el mundo, pero ¿era realmente familiar el entorno en el que ella crecía con su padre? Pues, probablemente no, puesto que ese concepto sano de familia, con un padre más pendiente de sus propias juergas y placeres que de las necesidades de su hija, estaba lejos de cumplirse en este caso, de forma que el comportamiento que pregonaba el primogénito al respecto ni mucho menos se cumplía en la práctica.

Y dado que la vida sigue, pasaron dos años más. Durante ese tiempo, la abuela Alicia apenas había podido ver a su nieta cuatro o cinco veces. Esta ya contaba con tres añitos. Era más alegre que una mariposa saltarina, muy a pesar de las deficiencias de todo tipo, incluidas las afectivas, que la niña sufría.

Pero, porque así sucede en este planeta Tierra, las olas de la vida van y vienen igual que las olas marinas. La mala suerte no descansa. Por eso sucedió que, de repente, el padre enfermó y en un casi nada, decía el informe médico que a causa de una parada cardíaca, dejó de pertenecer al mundo de los vivos.

Y, ahora, ¿qué?

3 EL NOMBRE DE PIPA

Eso empezó a preguntarse medio pueblo. Y de ahora en adelante, ¿qué? ¿Qué va a pasar con esta niña? La abuela Alicia no esperó a preguntarse ni a responderse. En cuanto se enteró del viaje final de su yerno a las estrellas lejanas, bajó al pueblo con la clara intención de ponerse al lado de su nieta, de darle su vida si ello fuera necesario. Pero, claro, la cuestión era dónde, si en la casita muy humilde de Mourazos, donde la niña había estado y al presente estaba, o, en la cabaña La Guleta, más humilde que su actual casa, pero que a la abuela le parecía el paraíso celestial. Alicia se arrinconó y se aguantó en la casita del pueblo, junto a su nieta, unos pocos meses, y todo lo que hiciera falta. La niña ya se estaba acercando a los cuatro añitos, así que, con esperanza creciente, su abuela le preguntó en un atardecer:

—Cariño, ¿te gustaría pasar unos días en una cabaña?

Jo, vaya con la ocurrencia de la abuela y venga con la pregunta de Alicia. A cualquier niño que le ofrezcas corretear alrededor de una cabaña, su respuesta va a ser automática, como lo fue la de su nieta:

—¿Una cabaña? ¿Tu casita es una cabaña? Yo quiero ir y estar allí contigo. ¿Hay patitos blancos?

—Si, preciosa, hay dos patitos, pero pronto tendremos muchos más —aseguraba con vehemencia la abuela mientras miraba a su nieta con ojos llenos de ilusión.

La niña empezó a saborear e imaginar un mundo fantástico entre chopos y otros árboles, así que le preguntó a su abuela:

—¿Qué es? ¿Cómo es una cabaña?

Alicia pensó en cómo explicarle a una niñita de cuatro años, en forma sencilla y para que ella lo entendiera, cuáles eran las funciones y como definirle una cabaña. No obstante, Alicia había tratado, como profesora titular de parvulario, de enseñanza primaria y de bachillerato, con niños chiquitos y con chicos nada pequeños, así que se las compuso para decirle:

—Mira, mi niña, a una persona mayor le diría que una cabaña es una construcción rústica de dimensiones reducidas, hecha con materiales sencillos y del propio lugar, destinada a refugio o vivienda de campesinos o de trabajadores agrícolas, mineros o similares.

Pero, en forma un poco más sencilla y simple te diré que una cabaña es una casita más bien pequeña, hecha en el campo o en la montaña, normalmente cerca de un río o de un lago, donde a veces pueden vivir personas con animales amigos.

Alicia tuvo sus dudas de si su nieta había entendido algo, que quizá se había pasado con tanta explicación. Sin embargo, esta abrió los ojos y levantó sus brazos para afirmar:

—Aaaah, ¿y hay pajaritos? ¿Y perritos? ¿Y se pueden ver las estrellitas de noche? Pues yo quiero ir y llevar mi gatita Brisa conmigo. Me bañaré en el río con mi gatita y con los patitos. ¿Cuándo nos vamos?

Y allá se fueron. No viajaron en avión. Ni en taxi. Ni sobre caballos. Había cerca de cuatro kilómetros de distancia, pero había que hacerlos sobre un camino pedregoso y con grandes socavones, casi como barrancos, por donde había bajado una lluvia torrencial que la noche anterior se había descolgado desde unas nubes totalmente enfadadas.

No obstante, dado que la abuela había previsto que su ilusión de subirse a la niña con ella pudiera cumplirse, se agenció un carrito de obra para subirse algunas cosas de la chiquilla. Esta carretilla tenía un recipiente ovalado montado sobre dos barras paralelas que, en un extremo se apoyaban sobre una sola rueda delantera y, en el otro, eran soportadas y empujadas por la persona que la conducía. Esa carretilla no era un vehículo concebido para esas funciones de transportar a personas durante mucho recorrido, pero aquello era un lujo comparado con quien no tenía nada.

Salieron del pueblo por la zona sur. Pasaron al lado de una fuente llamada *Fonte dabaixo* (Fuente de abajo), que la niña conocía bien por haber venido otras veces con su padre a por agua fresca y limpia. La chiquita alegre levantó su mano izquierda y la agitó a modo de despedida. Después dijo sonriente, con música:

—Adiós, fuentecita. Me voy a otra casita más bonita. Adiós.

Siguieron medio kilómetro por un camino más bien estrecho. Dejaron atrás un lugar cerrado con un muro de piedra de cantería, que a la abuela no le gustaba nada, puesto que se veían muchas cruces. La niña le preguntó por quién vivía en aquella casa. La mayor le contestó que no vivía nadie, que aquel no era un lugar para vivir, sino para dormir, tanto de día como de noche, dormir para siempre.

Cruzaron un arroyo. A partir del mismo, el camino se dividía en dos ramales. Tomaron el de la izquierda, que conducía a las montañas.

Camino arriba, la abuela empujaba el carrito bastante cargado de haberes de la niña para una primera etapa. Ella no necesitaba nada, de hecho, le sobraba la mitad, pero la chiquilla ya era otra cosa. La pobre Alicia empujaba más de lo que podía, pero conseguir salvar los socavones del camino era como burlar los cráteres en el planeta Marte. La niñita se estaba portando muy bien, como un sol, haciendo el camino de San Fernando, un poquito andando y otro poco caminando. Ahora bien, la fuerza de la gravedad tiene sus leyes y la aventura cuesta lo suyo. Llegó el cansancio, así que su abuela la sentó encima de la carretilla y, hala, allí iba Alicia tirando de sí misma, de la carretilla y de su nieta. No importaba. La ilusión es muy poderosa, mucho más que los primeros síntomas de desfallecimiento.

Se adentraron en una zona con más vegetación. Por la izquierda se apreciaba una ladera larga y pronunciada, con retama y otro tipo de monte bajo de características similares. Por la derecha comenzó a verse los árboles altos que siempre siguen el curso de un río, puesto que el agua les da vida, les facilita la circulación de su savia. Poco después empezó a oírse el discurrir del agua de un riachuelo, al que los nativos llamaban «Regato de Sandín». A la abuela Alicia se le iluminó la cara, porque aquel agua que en aquel momento bajaba por el regato no hacía mucho que había pasado, un kilómetro más arriba, muy cerca de su cabaña, lo cual indicaba que ya quedaba menos distancia para alcanzar su destino. Dejaron atrás, por su derecha, una zona de viñas y después una plantación de olivos, que la abuela recordaba muy bien, ya que la situaban en la zona de «Los Olivares».

La niña se percató del ruido que se escuchaba por la derecha y, claro, como estaba en la edad de las preguntas, no pudo menos que preguntar:

—¿Qué es ese ruido, abuelita?

—Es el sonido del agua de un río pequeño que baja desde lo alto de las montañas. Cuando lleguemos a nuestra casita lo podrás ver desde la orilla misma.

—¿Y podré llevarme a ese río a nuestra casita? —Renovó su pregunta la pequeña, la cual tenía poco sentido, pero era su pregunta.

—No, cariño. —Contestó la mayor, sonriendo —Puedes llevarte una cántara de agua, si quieres, pero el agua de los ríos tiene que seguir su recorrido hasta el mar donde acaba.

Alicia pensó automáticamente: «Ahora mi niña me preguntará porqué el río acaba en el mar y, después, porqué hay mar». Pero no fue así, la intuición de Alicia era falible y también se equivocaba, poco, pero lo hacía.

Siguieron avanzando, despacio, porque en aquella época ya hacía calor, porque el camino cada vez se encabritaba más y, por el contrario, porque las fuerzas ya iban a menos. Menos mal que por las cunetas del camino había plantas de tomillo, las cuales desprendían un perfume exquisito, que los pulmones y demás órganos vitales agradecían. Aquella expedición era realmente singular: una abuela de sesenta y cinco años, una nieta de casi cuatro, una gatita de poco más de veinte meses y una carretilla manual cargada de necesidades de la chiquita.

Alcanzaron, por fin, su cabaña en las Goletas. A la niña, que un último tramo del camino lo había hecho por su propio pie debido al ansia de ver la cabaña, todavía le quedaron fuerzas para salir corriendo, tocarlo casi todo y mirar aquel planeta nuevo en forma altamente alucinada. Entró en su nueva casa, pero salió pronto al exterior de la misma, ya que la prisa por subirse a la hamaca arcoíris podía con todo. La abuela la subió, como no, si bien tuvo que quedarse a su lado para impedir que la hamaca se girara, diese media vuelta con el cuerpo de la niña dentro y esta se cayera y fuera rodando ladera abajo. Permanecer en suspensión y vaivén dentro de aquella lona de colorines llamada arcoíris no era nada fácil, si bien Alicia era experta en esa aventura y consiguió que su nieta disfrutara de lo lindo.

—Cariño, mañana por la tarde iremos al río, donde jugaremos mucho rato con los patitos y con algunos peces que por allí se mueven. Estos acabarán siendo tus amigos, puesto que por aquí no se toparán con muchas otras niñas. De todas formas, ahora ya pronto tendremos que cenar y dormir, porque mañana llevaremos a las ovejitas a rumiar a la otra finca situada en el bosque de la Pipa.

Cenaron tortilla francesa con patatas fritas, con muchas, claro. Se tomaron un vaso de leche cada una y, poco después, se durmieron como dos almas amigas, abrazadas. La niña se durmió enseguida, a pesar de que la cama no era ninguna maravilla. La abuela ya dormía menos, pero su felicidad por dormir con su nieta en su propia cabaña era tan grande que el sueño celeste descendió hasta su morada y pronto se durmieron los tres, el sueño celeste, la abuela y la nieta.

La mañana siguiente, un tanto más tarde que cuando se iba sola, la abuela, la nieta, dos perros, dos gatitos y once ovejitas se fueron todos a la finca llamada la Pipa, a tres kilómetros de la Guleta. La niña llevaba en su mano una vara preparada por la abuela con la que pretendía guiar y corregir si alguna ovejita se descarriaba. Iba encantada. Era un mundo totalmente nuevo para ella. Cuando alcanzaron la finca de destino, la niña buscó con su vista la esperada cabaña, la que ella se había formado en su imaginación. Al no encontrarla por ningún lado, le preguntó a su abuela:

—Mami, ¿aquí no hay cabaña?

—No, cariño. Aquí, en la Pipa, no hay una cabaña como la que tenemos en la otra finca de las Goletas. —La abuela informaba a su nieta. Ella no era su mami, solo era su abuela, aunque oír eso de «mami» fue lo mejor que escuchó Alicia durante todo el día. —Pero, vamos con ello, intentaremos hacer una más pequeñita que te guste.

Allá se pusieron, como si fueran dos expertas madereras. No disponían de motosierra alguna, ni de otros medios más que de un hacha pequeña que la abuela guardaba, como utensilio de defensa, en un refugio natural desde hacía algún tiempo. Eso sí, tenían una voluntad indomable para conseguir una cabaña preciosa, seguro. Buscaron aquel lateral de una roca donde se formaba una hendidura de alrededor de un metro. La abuela conocía ese hueco grande por haberlo utilizado a modo de refugio para guarecerse contra más de un chaparrón otoñal. Con tres resistentes palotes de poco más de un metro de largo, atados en uno de sus extremos con una rama de retama verde, hicieron algo parecido a un trípode, lo cual les sirvió de puntal principal de apoyo. Consiguieron cortar y arrastrar varias ramas largas que colocaron entre el lomo de la roca y el puntal de apoyo. Ahí ya tenían el tejado montado. Después le añadieron unas ramas a cada uno de los laterales y le dejaron una especie de puertecilla para personitas pequeñas. La nieta podía entrar de pie, aunque la abuela debía agacharse un tanto. No importaba, porque estaba muy bien. Entraron. Se sentaron y, como premio, se dispusieron a chupar cada una un caramelo que Alicia se había traído de la casita del pueblo.

Uf, habían construido la cabaña perfecta. No pudieron hacerle fotos, porque no disponían de un dispositivo de cámara, ni de móvil, ni de tableta. ¿Para qué? No habían construido una cabaña tan guapa para verla en fotos, sino para vivirla y sentirla. La abuela estaba totalmente satisfecha. Su satisfacción era total, tanto que difícilmente podía ser mayor. Eso era así porque su niña estaba muy contenta, súper feliz, estaba tan ilusionada con su cabaña que le imploró a su abuela:

—Mami, ¿nos quedamos en esta cabaña, en la Pipa? Yo quiero quedarme aquí para siempre, yo quiero...

—Mi niña, aquí no podemos quedarnos, no tenemos nada para comer, ni... —razonaba la abuela con más responsabilidad y con menos atrevimiento que la nieta.

—Pues comemos hierba como las ovejitas. Seguro que a mí también me gusta. —Aventuró la niña. Era entendible, era la inocencia hecha ilusión, una Ilusión de persona muy jovencita, pero persona.

Alicia sonrió grande y le propinó dos besos a su nieta y un apretón. Le dijo que ni las niñas ni las abuelas podían comer hierba, ni tampoco brotes como las ovejitas. Que ella había traído algo para almorzar allí, en la Pipa, para ese día, pero que tenían que regresar y merendar en La Guleta. Sin embargo, la chiquita, cuya cabeza estaba llena de ilusiones y de esperanzas, estaba tan embelesada con lo que estaba viviendo en su nueva cabaña que se colocó de pie frente a la abuela, se puso sería y le anunció con su lenguaje inocente, pero espontáneo, natural, como si fuera la jefa:

—Pues si no puedo comer hierba y quedarme en esta cabaña, me cambio el nombre que tenía hasta hoy, que no me gusta... nada. A partir de ahora me llamaré... «Pipa». ¡Hala!

La niña de casi cuatro años se sentó y cruzó sus manos y piernas para que quedara claro que su iniciativa era definitiva, que a ella le tocaba siempre aceptar lo que le mandaran, pero que esta vez su decisión era irrevocable. Su nombre iba a ser Pipa, pues Pipa era el nombre de su cabaña.

La abuela Alicia se vio sorprendida por tal imaginación, por su forma de romper con el pasado y por la firmeza con que la niña se comportaba. Pensó que esta vez no podía darle otro no por respuesta, y aunque en el mundo administrativo civilizado se llamara de otra forma, para ellas dos, desde ahora, su nieta se llamaría Pipa.

—De acuerdo, mi ángel. —Contestó solemnemente la abuela. —Desde ahora mismo tu nombre será Pipa. A mí también me gusta mucho más que el nombre feo que tenías antes, del que me olvidaré en un minuto.

Las dos, la nieta Pipa y la abuela Alicia, se abrazaron fuerte, agarrándose por el cuello y por la cintura, sin pensar en nada más. Pipa estaba radiante. En aquella nueva cabaña suya, llena de misterio, todo reflejaba alegría, como si hubiera encontrado un gran tesoro único o, quién sabe, una tarta de chocolate grande como un sombrero mexicano. Alicia estaba sumamente feliz. Su felicidad era tan grande como la roca que les daba amparo, a ellas y a la cabaña más bonita de la tierra.

Las horas pasaron hasta las siete de la tarde. Las ovejas se saciaron de hierba fresca, que a ellas sí les gustaba. Era hora de regresar a su otra cabaña, a la Guleta, la cual también era muy chula, porque lo era y porque marcaría sus vidas para siempre.

4   LA FORMACIÓN

Durante aquella mañana lluviosa, las dos moradoras se quedaron en el interior de la cabaña. Las nubes negras y pesadas que por el cielo se desplazaban no invitaban a dar muchos paseos y, sobre todo, que no fuera a lugares muy lejanos.

La abuela Alicia había cumplido, hacía un mes justo, los sesenta y seis años. La nieta Pipa contaba con cuatro añitos y treinta y cinco días. Aquella pensó que ya iba siendo el momento de comenzar con la formación inicial de la pequeña. ¿Cómo? Pues sin muchos formalismos, como si siguieran jugando entre dos amigas, puesto que la profesora Alicia nunca había compartido el aserto de Francisco de Goya que decía: «La letra con sangre entra». No obstante, siendo cierto que con alumnos de edades tempranas siempre había defendido y practicado una buena permisividad, con mucha flexibilidad en las formas, también lo era que en sus aulas con estudiantes de catorce años en adelante nunca había permitido el desorden intencionado ni el pasotismo desentendido.

—Oye, Pipa, dado que está lloviendo fuerte, hoy iniciaremos un juego divertido, el cual es un poquito largo en el tiempo, pero creo que te va a gustar.

—Ah, y ¿cómo es de largo? —Preguntaba la niña.

—Pues, mira, empezaremos con dos juegos un tanto diferentes. —Aquí empezó Pipa el mundo del saber —Los lunes y los miércoles jugaremos al «juego de los números», mientras que los martes y los jueves lo haremos con el «juego de las letras». Así hasta que vuelva el verano, que entonces iremos a la playa y los dejaremos durante unos meses.

—¿Y por qué no llevamos esos juegos a la playa? —Proponía otra vez, Pipa.

—Porque en la playa jugaremos al «juego de los colores». Hoy es miércoles, por tanto hoy jugaremos con los números —Aseguró la profesora con una buena sonrisa de satisfacción —Verás, los números sirven para contar ¿Sabes tú cuántas gatitas tenemos aquí?

Pipa saltó inmediatamente sobre el toro, para demostrar que ella ganaría ese primer lance.

—Dos, tenemos dos gatitas, Brisa, que es la mía, y, Abril, que es la tuya, aunque la mía es un poco más bonita que la tuya.

—Muy bien, Pipa. Por tanto, una gatita, la tuya, más otra gatita, la mía, ¿Cuántas gatitas son?

—Dos, son dos gatitas —reafirmó la alumna sin necesidad de dedicarle más tiempo.

—Perfecto. —Bastante gritó la profesora expresando júbilo —Eres muy lista, mi niña. A esto se le llama: sumar.

Así empezaron a caminar, a iniciarse por el camino pedagógico entre la profesora y la alumna, entre la abuela Alicia y la nieta Pipa. Entre las dos había sintonía y existía confianza. Era verdad que en algún momento podría surgir alguna dificultad, puesto que la confianza es una moneda de doble cara, pero Alicia aprovecharía la cara buena de esa moneda y su sonrisa, que ahora le salía sin esfuerzo alguno, para ir formando a su nieta sin que aquello dejara de ser un juego, ya que jugar con cuatro añitos era lo natural.

Pasó algún tiempo, puesto que «tempus fugit», tanto que la nieta ya contaba con seis añitos. No era una persona mayor, pero actualmente tampoco era un bebé. Eso ya le permitía a la abuela poder desarrollar ciertas conversaciones y adentrarse en temas formativos con un poquito más de complejidad.

Ellas, Pipa y Alicia seguían viviendo en la cabaña ubicada en los bosques de las Goletas. La abuela y su nieta colocaron nuevamente la hamaca color arcoíris, se subieron a la misma necesitando poco esfuerzo y comenzaron a balancearse. La paz era mayúscula. El silencio lo dominaba todo. Por allí no osaba perderse nadie y, mucho menos, en época de tormentas.

Alicia miró al cielo. En vista de lo visto, se propuso transferir un nuevo conocimiento a su nieta. No era un conocimiento muy científico, pero no solo las grandes ciencias salvan a las personas de sufrir ciertos problemas, así que le propuso a su nieta.

—Cariño, te voy a confesar un secreto meteorológico, es decir, un secreto sobre cuando llueve en estos bosques y cuando no, que en esta zona de las Goletas se cumple siempre. Esto te ayudará mucho para controlar el tiempo de por aquí y, de esa forma, poder determinar si las ovejitas pueden salir al campo a rumiar o no, ello dependiendo de si va a llover o va a hacer sol. No se lo cuentes a nadie, será nuestro secreto, ¿vale?

—Vale. ¿Y qué premio me vas a dar por guardar este secreto? —Apretó, Pipa, con una sonrisa de medio metro de ancha, mientras se rascaba un poco su nariz.

—¡Uy... qué mala eres! Deberías ser tú quien me premiara a mí, puesto que esta información será muy valiosa para ti. Seguro que te evitará más de un resfriado al no mojarte con la lluvia —Alicia puso cara de enfadada, casi de ofendida, aunque no fuera tal, en absoluto.

—Bueno, solo se lo contaré a mi gatita, Brisa. ¿Vale? —Intentaba pactar, Pipa.

—Vale. Confío en que tu gatita no se lo cuente a todas las gatitas de la comarca. —La abuela reía grande su gracia —Verás, la lluvia se ha terminado en lo que queda de día, por lo cual podemos permitir que las ovejitas salgan a rumiar y procurarse su merienda y la cena.

—Ah, ¿por qué sabes que ya no lloverá más durante este día? ¿Es qué tienes poderes mágicos? —Preguntaba la niña algo desconcertada.

—No, mi niña, no se trata de magia. Los magos pretenden hacerte ver lo que en realidad no ves. Yo no soy así, yo siempre te diré la verdad, al menos, lo que yo creo que es verdad. Mira, esto se cumple siempre por esta tierra. Aquí el buen o mal tiempo depende muy principalmente de las dos condiciones siguientes.

La primera: las nubes que ahora se pueden ver arriba son de un gris blanquecino y están bastante altas en el cielo. Asimismo, la brisa sopla de Verín, o sea, del norte. Por eso sé que con este estado climático no lloverá por aquí.

La segunda: si el viento viniese, no del norte, sino del suroeste, es decir, de esa zona del Cambedo portugués y, además, por el cielo empezaran a asomar nubes bajas y oscuras, entonces tendríamos lluvia segura.

Así era, no tenía nada que ver con la magia, ni con las llamadas «meigas rurales», sino con la estadística, con la costumbre bien formada. Eso lo sabían todos las personas mayores del «Val de Monterrei» (Valle de Monterrey). Viento del norte, significaba tiempo soleado, técnicamente, anticiclón. Sin embargo, cuando el viento tiraba de la zona de Cambedo, un área de Portugal situada en el suroeste de Galicia, y asomaban nubes bajas por detrás de los montes próximos, aquello era sinónimo de borrasca, lo cual conllevaba lluvia segura.

Y así siguió la vida. Tras muchísimos cuentos infantiles sobre mariquitas voladoras y otros semejantes; después de haberse tomado más de un millar de tazones de leche proporcionada por las ovejitas amigas; y, en medio de sonrisas y saltos provocados por un mundo de cosquillas, con eso y otras muchas cosas, los almanaques ya marcaban otros dos años más, por eso Pipa ya contaba con ocho añazos cumplidos. Esta nunca había pisado un colegio convencional, de esos que tienen muchas aulas, cierto número de profesores y algún que otro niño gamberro, que también suele haber. Sin embargo, la niña no era una analfabeta, puesto que su abuela, que había sido profesora titulada de química, de ciencias naturales, así como vocacionalmente de música en un instituto del *Concello* de Verín, pretendía formarla tan bien como cualesquiera otros profesores del Instituto. En cualquier caso, Pipa tenía ventajas, ya que podía preguntar todo lo que quisiera, sin que su pregunta causara risitas ni pillerías como pasaba en alguna aula y, además, podía preguntar a cualquier hora y sobre cualquier materia. Era un estado de formación permanente, lo cual era mucho más de lo que vivían las llamadas chicas civilizadas.

Era verdad que la profesora Alicia no lo sabía todo, puesto que nadie tiene una sabiduría total ni nadie es infalible. La abuela tampoco, pero ella se apuntaba las cuestiones que se planteaban y, con su nieta de compañera en todas partes, se asomaba con frecuencia por la biblioteca municipal de Verín, en donde la exprofesora las consultaba, se formaba, se reciclaba y, al tiempo, jugaban. Eso hacían ese mismo día las dos. Alicia repasaba las modificaciones del año 2010 (última edición de la Ortografía de la Lengua Española), mientras vigilada a Pipa por si se pasaba, quién pintaba dibujos y jugaba con otra niña y dos niños de su edad que a la misma biblioteca acudían habitualmente.

Por la noche, Alicia le propuso a Pipa jugar a un juego nuevo, maravilloso, según ella. Sacó del trastero una cajita y del interior de esta, un tablero de ajedrez con dos bolsitas de piezas negras y blancas. Vertieron las piezas sobre el tablero y, siguiendo las instrucciones de la abuela, las colocaron adecuadamente sobre el mismo para poder comenzar la partida. Pipa se quedó con las blancas y, por tanto, las negras fueron para Alicia. Aquella colocó los peones en la segunda fila. Después, sobre la primera fila, situó las dos torres en sus esquinas; luego, los dos caballos; seguidamente, los dos alfiles; finalmente, colocó la reina por la izquierda y, entre el alfil y la reina, el rey.

La profesora le explicó a la alumna cinco o seis reglas, unas necesarias y otras convenientes. Después le transmitió como era la Apertura Española en ajedrez. Hicieron dos o tres ensayos, para inyectarse confianza y, sin más esperas, se fueron a la conquista del campeonato, que las chicas valientes se atreven con todo.

Pipa movió su peón blanco desde E2 hasta E4, mientras que Alicia llevó el suyo negro de E7 a la posición E5. Hubo un breve momento de quietud. La nieta desató la yegua de G1 y la remontó a F3, a lo que replicó la abuela desbocando su caballo de B8 hasta C6. La alumna, sin arrugarse, arrancó su alfil de F1 y lo desplazó hasta plantarlo en B5.

Esta batalla se estaba poniendo interesante. Se percibió cierto nivel de tensión. El siguiente movimiento de las negras ya supondría una declaración de guerra, al menos de intenciones. Prosiguió la partida. Alicia no era una sabia en este juego, pero sí que tenía un cierto dominio sobre el mismo, por eso iba contemporizando lo suficiente para que las negras no se comieran a las blancas con el aperitivo. No podía desanimar a su nieta, ni mucho menos humillarla competitivamente, sino enseñarla y mantenerla viva para que siguiera jugando, para que siguiera ejercitando su cabeza en la buena utilidad, en el arte de pensar. Ya llegaría el día, puesto que el tiempo acerca muchas cosas, en que esas cosas cambiarían, quedando la abuela en una situación mucho más débil que la de su nieta.

Por la alta madrugada, mientras la nieta y la abuela dormían a pierna suelta, unas nubes cargadas con quintales de agua destilada decidieron aminorar la marcha en su recorrido y descargar, por aquellos bosques de las Goletas, largos e intensos chaparrones envueltos con algunas ráfagas de ventisca. Estos aguaceros proporcionaban vitamina a las plantas y al césped para que las ovejitas tuvieran su alimento en los próximos días.

Alicia se propuso complementar la formación integral de su nieta con una enseñanza vital: como procurarse y elaborarse su propia comida. Aquellos bosque proporcionaban algunos alimentos, pero era innegable que muchos de ellos, ya fuera conseguidos en la zona de la cabaña o traídos de Mourazos o de Verín, deberían ser cocinados.

—¿Tú sabes cómo hacer una lista de cosas, por ejemplo para hacer la comida de mañana, sin necesidad de un dispositivo electrónico, ni siquiera, de una hoja de papel ni de un lápiz? —Preguntaba la abuela a la nieta.

—Pues no, ¿tú sí? —Contestó algo punzante la nieta.

—Mira, limpias un trozo de suelo de las piedras que tenga, de sus hojas y demás estorbos. —Comenzó su explicación la abuela —Con la mano, sin hacerte daño, lo dejas lo más plano que puedas, para que lo que escribas quede legible lo mejor posible. Después coges un palo más bien delgado y acabado en punta, con el cual escribes tu lista de necesidades sobre esa superficie plana. Podrás rectificar o completar esa lista cuantas veces lo desees. Finalmente te la aprendes, pero ya ordenada y finalizada.

—Muy bien, Lista de Oklahoma. —Espetó Pipa en medio de una buena carcajada. Sin embargo, esta sonrisota le valió para que la abuela no se sintiera ofendida. —Y si llueve, ¿cómo evito que el agua borre todo lo escrito en el suelo?

—Bien, yo planteé como hacer una lista, no como conservarla. Si esa lista es importante y te conviene mantenerla durante semanas, colocas tres o cuatro puntales y, sobre ellos, un tejadillo de ramas tupidas para que no llueva encima, no se moje y así evitas que se deshaga. ¿Qué te parece?

—Vale, vale, perdona. —Redujo, Pipa, la fuerza de la tormenta. —¿Y por qué el tejadillo ha de tener tres o cuatro puntales?

—Porque con solo dos se va a aguantar poco tiempo. Los trípodes, como indica su nombre, necesitan tres patas para ser estables. Los bancos y las sillas tienen cuatro por motivos parecidos. Muchas verdades de la física y de nuestra vida están a nuestro lado, solo tenemos que observarlas.

En todo caso, Alicia, que por eso ya era abuela, evitó enzarzarse en batallas orgullosas y no perdió de vista la formación, que era el objetivo.

—Venga, mi chica. Ahora vamos a hacer lentejas, que tienen muchas propiedades alimenticias, cuestan poco dinerito y, en el frío invierno, calientan el estómago y alegran la tripita.

—¿Y estarán buenas, como para comérselas? —Se atrevió a plantear la chica.

—Buenísimas. Ya verás.

Y así resultó. Las lentejas, con una hogaza de pan hecho por ellas en su propio horno, y todo ello cocinado con mucho amor, claro que estaban buenísimas.

Al día siguiente, mientras cuidaban a las ovejas, la profesora le dijo a la alumna.

—Ven, bonita. Vamos hasta ese trozo de campo de ahí que es más plano. Vamos a construir una pizarra —apuntó, Alicia.

Se situaron al lado de aquel repelón de tierra indicado por la abuela, que tendría una dimensión aproximada de un metro cuadrado. Le quitaron alguna piedrecilla y las hojas que había por encima. Repasaron su superficie con el zapato para suavizar alguna pequeña ondulación de la tierra y, por último, le sacaron las hojas a una vara delgada y le hicieron algo de punta en un extremo.

—Ya está. —Expresó complacida la profesora. —Aquí disponemos de una pizarra natural y estupenda. Sobre esta podremos escribir y hacer nuestros juegos con esta vara puntiaguda.

—Y ahora, aprovechando esa pizarra sobre el suelo, vamos a jugar al divertido «juego de las equis», que también podríamos llamar «juego de las ecuaciones». De esto ya hemos hablado, por eso que no te vendrá de nuevo. —Alicia, mediante la vara, escribió una X sobre la pizarra de tierra. —Fíjate, a la letra X, matemáticamente le llamamos incógnita, porque no sabremos cuánto vale hasta que resolvamos la operación de los números que la acompañan. Ahora borraré con mi mano esta X y escribiré un ejemplo:

$4 + 3 = X$

—Si no supiéramos contar ni sumar, nunca sabríamos cuánto vale X, pero cómo sabemos que 4 + 3 = 7, resulta que esa incógnita X ya la podemos substituir por su valor, por 7.

—Eso es muy fácil —exclamó, Pipa, sin complejos.

—Ah, vale, pues ahora algo más difícil. —Alicia, dado que tenía una pizarra mágica, borró con su mano el anterior ejercicio y escribió el siguiente:

5 = X + 3

—Si queremos resolver este problema tenemos que preguntarnos cuánto vale X, ¿de acuerdo?, ello a fin de que su valor sumado con 3 sea igual a cinco. Planteado de otra forma, podemos convertir la suma en una resta: 5 – 3...

—Chupado. —Reaccionó Pipa con prontitud. —Si tenemos 3, y queremos alcanzar hasta 5, nos faltan 2, por tanto X vale 2.

—Muy bien, chica lista. A ver, ¿qué te parece lo siguiente?:

30 = 6 x X

—No entiendo eso... —dudó la alumna.

—La ecuación plantea: treinta es igual a seis multiplicado por el valor de equis. —Complementó verbalmente, Alicia. —Si la igualdad se cumple con una multiplicación, tú cámbiala por una división y tendrás el valor de X. Tú ya sabes hacer divisiones sencillas. Atrévete.

—Eh, treinta entre seis es... a ver, ¡cinco! Seis por cinco es igual a treinta. Ya está. Equis vale cinco.

La abuela levantó los brazos como simulando una ola marina, a lo cual se sumó su nieta. Las dos gritaron: ¡guay! Aquello era un sistema de aprendizaje sencillo, sin penas. Para aprender y razonar sobre letras y números se debe prestar atención, pero no hace falta vivir un martirio.

Por la tarde, la abuela y la nieta se fueron a dar un baño a «la Bañerona». Este nombre inventado por ellas identificaba una poza de agua amplia y corriente, de unos ocho metros de diámetro y casi dos de profundidad máxima, formada en el riachuelillo de Sandín que por los alrededores de la cabaña discurría. Para poder bañarse, el agua de aquel regato no necesitaba cloro ni otros productos químicos parecidos, puesto que nada ni nadie la adulteraba. Eso sí, bajaba helada. Fuera del verano, llenaban un barreño grande con agua previamente calentada en un cubo metálico sobre el fuego, donde se bañaban y aseaban. En verano, había que ser valiente para bañarse directamente en la Bañerona del reguero, pero ellas lo hacían, nada se les resistía. De hecho, dentro del plan de formación integral de la pequeña diseñado por Alicia, esta había allí enseñado a nadar a su nieta, con lo que Pipa disfrutaba como una rana en el agua.

Las dos féminas merendaron en el campo, donde mejor se merienda, donde lo natural se convierte en sabor celestial.

Alicia aprovechó la ocasión para explicar a su nieta como se pone una mesa. Era verdad que ellas no disponían de tres copas como en las mesas de alto postín, ni de una cubertería con tres tenedores de oro, pero no hacía falta, se pusieron tres trozos de palo y quedó perfecta. En otros días seguirían con su formación social sobre buenos modales, así como otras no tan sociales, pero necesarias como forma de defensa ante algunos bichos malignos y algunas personas nada amigas, formación agrícola y otras convenientes, sin olvidar sus asignaturas escolares en curso como si de un colegio regular se tratara.

5 MEIGAS Y BRUXAS

Pasó algún tiempo. Pipa, caminando en aquella época hacia los doce años, ya sentía curiosidad por los misterios de la vida y, ciertamente, eso de las meigas tenía muchísimo misterio. Alicia se había documentado con ganas. Pretendía esquivar opiniones poco serias sobre esa materia. No era nada fácil hacerle llegar a su nieta una información veraz, entre otras razones, porque seguramente no existía, ya que sobre el fenómeno de «as meigas», esto es «las brujas» había mucha leyenda adornada. Ni siquiera esa traducción directa de meigas por brujas sería del todo seria, puesto que generalmente el termino de meigas implicaba bastantes más cosas y connotaciones diferentes al de brujas.

—Bonita, hoy vamos a hablar sobre «as meigas», un fenómeno social muy arraigado en Galicia y, con ciertas variantes, también en parte de otras zonas limítrofes, cual caso de Asturias, de León e, incluso, de Euskadi.

Pero, ya desde ahora mismo es conveniente que te quede claro y que recuerdes algo que es sumamente importante para no caer en opiniones o creencias mal formadas: en materia de meigas casi nada es verdad; casi nada es mentira. Primero, porque no hablamos de una ciencia que admita ensayos y que sus actos puedan ser demostrables. Segundo, porque las instituciones oficiales y religiosas se han dedicado desde antiguo a desacreditar y, en cierta medida y épocas, a perseguir todo lo relativo a las meigas y a las brujas. Tercero, porque la clandestinidad y obscuridad de su mundo ha dado lugar a la comisión de actos bastante reprobables. Y, cuarto, porque no hay forma de que los teóricos expertos se pongan de acuerdo en casi nada al respecto, puesto que sobre meigas todo es contradicción y desacuerdo.

—Y lo que tú dices es la verdad segura, ¿a qué sí? —Largó la niña, que ya no era tan niña. Por eso mismo, la alumna ya planteaba objeciones.

—No, monada. —Replicó la profesora —Es «mi» verdad, que no «la» verdad. La verdad, cuando no se puede probar, es un poliedro de muchos lados, y en materia de meigas todo tiene muchas caras, algunas irregulares, puesto que no hay casi nada demostrado. Supongo que ya te dije más de una vez que los gallegos somos algo místicos, por cuanto nos gusta todo lo misterioso y mantenemos vivas muchas leyendas. A propósito, ¿sabes tú, Pipa, lo que es una leyenda?

—Bueno, tengo una idea, pero no sé... —decía, Pipa, pidiendo ayuda.

—Una leyenda es un cuento antiguo, un relato de tiempos anteriores que muy pocas veces es verdadero. No necesariamente es todo falso, pero suelen ser hechos

51

fantásticos, muy poco probados y casi nada contrastados, sobre los cuales hay mucha confusión y muchas opiniones enfrentadas. Respecto de meigas y brujas, la leyenda viene pasando de unas generaciones a otras por tradición oral, relatando historias populares e imaginarias, algunas probablemente verdaderas, pero muchas otras apoyadas en la fantasía y el ocultismo. Estas leyendas típicas de las noches de invierno acabaron formando parte de la mitología gallega y de la cultura de muchas de sus zonas. —Así, en forma tan amplia, definió la profesora Alicia su idea de leyenda aplicada a las meigas.

—Ah, vale, pero ¿una meiga es igual que una bruja? — Se adelantó la alumna apoyada en la confianza.

—El diccionario oficial gallego sigue traduciendo al castellano la palabra gallega *meiga* por la de bruja. Por otra parte, la gente gallega suele asociar «as meigas» con «as bruxas» e, históricamente, mucho de eso hubo. No obstante, algunos entendidos, que no todos, sostienen diferencias significativas:

«As bruxas» (las brujas) acostumbraban a ser representadas por estas características: mujeres de zonas rurales, mayores en edad, delgadas de cuerpo, feas en su aspecto, con alguna verruga en la nariz, sombrero de pico y uñas afiladas, entre otras. Les colocaron adjetivos como hechiceras, víboras, malvadas y pécoras. La leyenda dice que usaban su magia y sus pactos con Lucifer para hacer daño, echar el mal de ojo, hechizar y causar el mal a las personas y a sus animales. Sin embargo, existen otras opiniones muy diferentes, totalmente contrarias, quienes sostienen que las brujas, y los brujos, que también había, eran mujeres joviales y divertidas. En todo caso, cuando se habla de brujas es habitual encontrar una mujer eufórica, exaltada, volando por los aires montada en el palo de una escoba.

—Y eso de volar por los aires montada en una escoba, ¿de qué viene? Eso es muy chulo, a mí me gustaría hacerlo —añadió, Pipa, leña al fuego.

—Sí, puede que sea muy chulo, pero seguro que era pura imaginación, nada real. Mira, hace pocos años, se cree que una niña de cerca de Lugo, totalmente normal como tú, se asomó a un precipicio, se colocó un palo entre sus piernas y, creyéndose que podía navegar y volar por los aires, se lanzó al vacío y... terminó con su vida estrellada contra unas rocas. Eso de volar no se puede hacer. Las escobas no vuelan, son cosas que se cuentan para impresionar, fantasía aireada, pero sin sentido ni verdad. Es más, ciertos autores estiman que eso irreal de volar sobre la escoba se debía a un cierto estado de alucinación de la bruja provocado por algunas substancias de hierbas y plantas untadas sobre el palo de la escoba, pero nada de viajar por los aires en forma real. No podemos creernos todo cuanto se nos cuenta.

La abuela Alicia se sentía cómoda hablando y explicando a su nieta todo lo relativo a bruxas y meigas. Como profesora, esta no era su especialidad, pero ella siempre se había sentido atraída por esta materia, así que continuó departiendo con su alumna.

—«As meigas», por su parte, no se limitaban ni quedaban en el marco de «as bruxas», ya que comprendían un tipo bastante más amplio de figuras, como si estuvieran más reconocidas que estas. No obstante, no existe consenso respecto de las virtudes y pecados de las unas y de las otras. Algunos expertos consideran a las meigas como unas mujeres malvadas, que vivían para practicar el mal, mientras que las brujas eran figuras inocentes, simpáticas. Sin embargo, otros autores entienden totalmente lo contrario.

—En todo caso, se vienen aceptando estos tres tipos principales de meigas:

«Las menciñeiras», aparecían como mujeres de apariencia normal que contaban con el entusiasmo de las gentes, ya que ostentaban ciertos conocimientos en medicina natural y rural, elaborada básicamente con mezclas de hierbas, con setas y con semillas. A estas menciñeiras acudían las gentes de la zona en busca de consejo, remedio y alivio, cual curanderas se tratara.

«Las cartuxeiras» expresaban sus poderes de adivinanza mediante las cartas. Se creía que sus pronósticos eran tan certeros que se convertían en muy buenas consejeras sobre la fortuna que se alcanzaría, respecto de temas amorosos, posibles enfermedades y otras muchas.

«Las vedoiras» tenían de singular, eso decían, que podían ver los espíritus y los fantasmas de ciertas personas fallecidas, así como la procesión de las ánimas conocida como Santa Compaña.

La alumna Pipa estaba medio fascinada con lo que había oído, ya fuere por el buen entusiasmo que la abuela le ponía o por lo misterioso que era de todo aquello. Además, en aquellas clases flexibles no había los formalismos típicos del interior de un aula, por eso ella se atrevía a preguntar con más soltura, sin temor a equivocarse.

—Abuela, ¿de dónde sale esa palabra de «meiga»?

—Parece ser que tiene relación con lo mágico, con el hechizo, es decir, con conjuros y con otras fantasías. De hecho, se apunta que ese era el comportamiento habitual de las meigas. Pero hay muchas opiniones divergentes como en todo lo que las relaciona. Hay, sin embargo, algunos episodios que parecen ser ciertos, como que muchas meigas fueron llevadas a la hoguera por acusaciones un tanto ligeras y precipitadas, tal como sufrió la icónica María Soliña, meiga mendiga, quien fue acusada de brujería y, con todo su drama, torturada hasta su final.

Pipa no decía nada porque estaba ensimismada, así que Alicia prosiguió relatando la leyenda, su leyenda.

—Hay quien sostiene que las meigas proceden de algunos siglos antes de Jesucristo, aunque su apogeo se cree que tuvo lugar a partir de la Edad Media. Se estima ahora que accidentes fortuitos o enfermedades naturales eran interpretadas antes como que la persona que las padecía estaba afectada por un hechizo o por un mal de ojo, porque el grado de superstición era alto. Claro, esto implicaba que había que protegerse contra esos maleficios. Las personas que eran fuertes mentalmente se mantenían al margen, pero los que eran más influenciables recurrían a todo tipo de amuletos, cual caso de herraduras de yeguas o la tierra de un cementerio. La herradura era colgada en la puerta de entrada al hogar, mientras que un cuenco de tierra del cementerio del mismo pueblo permanecía en el interior de la propia casa. Todo ello con la creencia de que así estarían protegidos contra el maleficio o el mal de ojo.

—Dentro de Galicia, ¿dónde hay más meigas? —Quiso saber, Pipa.

—Bueno, no es que haya más meigas, simplemente hay algunas zonas con más tradición a favor de meigas o de bruxas, cual caso de Combarro, un pueblecito costero cerquita de Pontevedra, donde sus hórreos, sus callejuelas y sus cruceros rezuman misterio. No obstante, aparecen otros muchos lugares con acento de meigas, como ejemplo, por Celanova, por Morrazo o por algunas zonas del municipio de Chantada, como el Monte do Faro. En todo caso, esta mitología también aparece fuera de Galicia, caso de Extremadura o de Castilla y León, entre otros muchos lugares.

En relación con lo que conversaban, la nieta recordó alguna frase que había oído pronunciar a la abuela con alguna frecuencia; debido a ello, se le ocurrió y preguntó:

—¿Qué significa eso de «habelas, hainas»?

—Ah, sí, sabía que me preguntarías por ese tópico. Esa es una frase muy conocida y manejada en Galicia. En gallego se dice: «Eu non creo nas meigas, mais habelas, hainas», que traducido al castellano viene a significar que: «Yo no creo en meigas ni en brujas, pero haberlas, sí que las hay». También se pueden escuchar otras frases como: «Isto eche cousa de meigas ou de bruxas», es decir: «Esto es cosa de meigas o de brujas», con lo que se pretende responder a alguna situación o desgracia a la qué no se le encuentra una explicación razonable.

Por otra parte, también existe contradicción sobre el conocido como «meigallo», que se refiere al mal de ojo o maleficio que, según la fantasía nocturna, vertían las meigas o, tal como defienden otros, las bruxas, contra lo cual se crearon todo tipo de amuletos y rituales. Ahora bien, los que no creían en brujas decían que la desgracia sobre un animal o sobre una cosecha sucedía por causas naturales, no por efecto del meigallo, pues todo esto de meigas y brujas formaba parte de la leyenda del miedo.

Alcanzado este punto, la profesora Alicia introducía un nuevo elemento relativo a la brujería.

—Seguro que tú no has oído hablar de términos como «parlamentos das meigas» ni sobre «akelarre», ¿eh, jovenzuela?

—Pues no, ¿de qué va eso de los parlamentos y los ake... como se diga? —Se posicionaba la alumna, Pipa.

—Antes de hablarte de eso quiero que sepas que, en efecto, siendo verdad que este fenómeno de la brujería siempre sufrió cierto trato de desprecio y otras maldades por parte del poder y de las organizaciones establecidas, sin embargo no todo consistía en connotaciones extremadamente maléficas. Prueba de ello es que hoy en día se siguen celebrando fiestas y botellones donde se recogen parte de aquellas prácticas.

Supuestamente procedente de Euskadi, se conoce como «aquelarre», en euskera «akelarre», al término que se asocia con reuniones nocturnas y escondidas de brujas y brujos, en las cuales se cree que se realizaban actos hechiceros con rituales mágicos, maléficos y diabólicos. Y a propósito, dichas reuniones vienen referenciadas en el cuadro de Goya nominado Aquelarre, que pintó allá por el año 1.800, donde representa figuras de gran fantasía sobre la materia.

Algo similar a los aquelarres vascos eran y son los llamados «parlamentos das meigas» (reuniones de meigas) en el territorio gallego, donde se celebraban congregaciones de bruxas y meigas con carácter y ambiente de brujería, las cuales tenían lugar, y aún perviven, en los picos montañosos y en arenales próximos al mar.

En este punto se hizo como un descanso. El caso era que la abuela estaba altamente dispuesta a no esconderle ni hurtarle nada a su nieta, puesto que, en todo momento, tuvo como guía y norte orientativo no caer en alardes exagerados ni crear miedos en conciencias jóvenes, pero lo que existe es mejor no esconderlo y llamarlo por su nombre, manteniendo presente la edad de la niña.

Esta saltó nuevamente a la arena y, con su ímpetu recién estrenado, pareció resucitar:

—Abuelita, yo tengo dos preguntas. Una. Todo esto de las meigas ¿es cierto? Dos. ¿Es importante saberlo?

—Bueno, todo lo que te conté sobre meigas y brujas es lo que yo creo que puede ser, pero todo en ese mundo es relativo y se discute muchísimo sobre ello, por cuanto hay demasiados apartados muy poco creíbles, difíciles de explicar y bastante negros y penosos. Lo malo es que aquello que procede de leyendas y de ámbitos obscuros es aprovechado por ciertas personas poco recomendables que, escondiéndose detrás de la obscuridad y el ocultismo, se atreven a cometer ciertos desmanes y muchas fechorías altamente reprochables.

Por otra parte, ¿qué si es importante saber eso de las meigas? A ver, es importante conocer de todo, y también vale la pena conocer sobre eso que, en forma poco seria, se llama brujería. Es completamente verdad que eso de las meigas no es lo más importante del mundo, claro que no, pero conocer algo sobre ello puede evitar ciertos problemas de posicionamiento. Mira, cuanto más conozcas de la vida más podrás apartarte de compañías o de situaciones poco o nada aconsejables. Eso no significa que lo de las meigas sea, así, sin más, abominable, pero lo importante es conocer las cosas para poder tomar decisiones cometiendo los menores errores posibles.

Como conclusión, yo querría que tú, durante toda tu vida, tuvieras siempre presente que no todo el mundo es bueno. De esto resulta que tan mal estaría que yo fuese una desagradecida con una persona que se haya portado bien conmigo, como darle palmaditas en el hombro a otra que me haya faltado al respeto, porque eso supondría equiparar a esas dos personas, lo cual no sería justificable.

6 SER MUJER

La abuela seguía cumpliendo años, como todo ser que sigue vivo. Ella, sin embargo, se movía en un plano temporal diferente al de su nieta, ya que si bien Pipa estaba a poquitos días de cumplir los doce años, Alicia caminaba hacia los setenta y cuatro, que no eran muchos cuando todavía se pretende cumplir otros tantos, pero era innegable que eran muchísimos más que los cumplidos por Pipa.

Alicia no era una especialista en la psico de las personas, aunque sí había leído muchos informes y documentos formativos al respecto. También había mostrado un alto interés por intentar avanzarse a los acontecimientos con sus iguales, pues ella sabía que el comportamiento de los vecinos y demás personas no era tanto cuestión de buena o mala suerte, sino de lo que nuestra cabeza decide.

La abuela Alicia también se había fijado en que su nieta comenzaba a mostrar algún interés por los chicos de su edad e, incluso, algo mayores que ella. Eso lo sabía porque era lo natural en una niña que ya estaba dejando de serlo; porque la naturaleza comenzaba a mostrar los primeros anuncios de que el rosal pronto empezaría a florecer; y, además, porque Alicia era una gran observadora de todo lo que la rodeaba.

Consciente de esa situación, la abuela no escatimaba esfuerzos para irse con su nieta de paseo por Verín, porque la chica quería y debía relacionarse con otras chicas y chicos de su edad. Para ello y para refrescarse un poco, entraron en la piscina municipal de Verín con la intención de darse un chapuzón. Ese baño se lo podrían disfrutar las dos juntas, sin complejos, pero debían hacerlo en forma separada por dos razones. La primera, porque una de las dos tenía que vigilar sus pertenencias mientras la otra se bañaba, ya que había muchos amigos de los bienes ajenos, y aunque los suyos no fueran importantes para los demás, para ellas sí lo eran. La segunda, porque Pipa se juntaba con otra chica y con dos chicos más de su misma edad, que eran amigos por sus juegos de pintura en la biblioteca, quienes iban a chapucearse y a contarse sus cosas, claro que sí, sus cosas durante dos horas.

La abuela contemplaba a los cuatro chicos. Eso la divertía y le interesaba mucho, si bien observaba con mayor interés a su adorada nieta. Recordaba cuando nació, que era más bien cortita de estatura, pero en los tres últimos años había crecido de lo lindo, por eso verla ahora en biquini, con casi doce años, subida en su metro con cincuenta y siete centímetros, era cómo ver a la cigüeña más elegante y garbosa debajo de las estrellas.

Entre esos pensamientos, la abuela se dio cuenta que, físicamente, la figura de la niña ya no era la de una chiquita de seis años, sino la de una chica que luce y brilla como la estrella polar y a la que hay que tratar como tal. Asimismo, la capacidad psíquica de la chica ya le permitía enlazar ideas y discernir lo bien construido y razonable de aquello que era absurdo e insensato, lo cual le gustaba un montón a la abuela, porque en esas metas algo había tenido que ver ella como profesora suya.

Para Alicia, Pipa siempre sería su niña, claro que sí. No obstante, se había propuesto cambiar el sustantivo de niña por el de chica, puesto que eso de niña, aunque fuera un apelativo cariñoso, a su nieta ya no le hacía excesiva gracia.

Acabaron la tarde en un bar de la plaza García Barbón de Verín, donde se tomaron un helado muy helado, un par de refrescos de naranja y una bolsa de pistachos. También debatieron sobre un chico que había cruzado por delante de ellas; para Alicia, el chico era realmente guapo, mientras que para Pipa era más bien feúcho. ¡Así son los colores!

De la biblioteca se trajeron con ellas algunos libros de texto usados, pero eso no importaba, ya que lo importante era su contenido y que Pipa se familiarizara con ellos. Lo mismo pasaba con dos novelas juveniles de una colección a la que la chica se había aficionado.

Cuando regresaron a la Guleta, después de pasar el día entero en Verín, las ovejitas ya estaban saciadas, juntitas y esperando que llegara la noche. Se habían quedado solas dentro del cercado. Bien, solas no, sino con los dos perros grandes, las dos gatitas, las cuatro gallinitas y con los cinco patitos. Todos los animalitos hacían una buena comunidad, porque cada cual andaba a lo suyo, salvo los dos mastines grandullones, que habían recibido órdenes de estar a la seguridad de todos.

Abuela y nieta regresaba de Verín en un coche de línea que enlazaba esa población con las de Vilar de Cervos y la de Vilardevós. En la cabaña no tenía parada oficial, aunque el conductor paraba sin problemas. Era un autocar viejo, pero duro y fiable. Pipa lo había bautizado como "El Dragón", cuyo nombre no estaba mal pensado, ya que los golpes recibidos en su parte frontal por ramas que sobrevolaban la pista le daban cierto parecido con un dragón mareado.

Cuando alcanzaron la cabaña, Alicia se convenció de que ya estaba todo hecho. Bueno, la cena no, pero como todavía no era hora de cenar, ellas dos comenzaron a balancearse en la hamaca arcoíris. No era hora de cenar porque en los bosques de las Goletas, la parte más alejada del mundo ruidoso, el sol se ponía cerca de medianoche, lo cual les permitía contar historietas y chistes diferentes, unos inocentes y otros más bien pícaros, pero ahí estaba lo bueno, en forma abierta.

La abuela se había dicho varias veces que ya iba siendo hora de mantener algunas charlas sobre partes íntimas con su querida jovencita. Aquella no se había preparado nada específico para este primer día. Decidió que empezaría por tratar aquello que le fuera saliendo sobre la marcha, pues tampoco era necesaria ninguna tesis sobre lo que pensaba.

—Oye Pipa. Desde hace algunos días vengo observando que poco a poco te estás haciendo una mujercita....

—Ah, mira que bien, ¿me estás espiando? —Reaccionó en forma algo desmedida la nieta, pero lo dijo con tal sonrisa que le quitó todo tipo de malicia entremezclada.

—¿Espiándote? No, jovencita. —Se puso a razonar, Alicia. —Esa no es la palabra. Hoy en la piscina te he visto en biquini, como te vieron tus amigos y los que estaban por allí. Estos últimos días te he visto bañarte aquí en la Bañerona, desnuda, como tú me vistes a mí, puesto que tenemos la ventaja de estar solas en este río y libres de miradas inoportunas, lo que no puede hacer todo el mundo.

—Has dicho que mis amigos y otros me miraron en biquini... —se interesaba, Pipa, respecto de lo dicho por la abuela.

—Sí, chica, y eso me hace gracia. —Prosiguió la abuela con su tesis. —Es natural que las chicas y los chicos empecéis con los juegos de las miradas. Lo que no me haría nada de gracia es que en ese juego se colara algún chico malo, que alguno también hay. Afortunadamente, en la Bañerona del río que tenemos aquí arriba nos podemos bañar hasta sin biquini, porque hasta aquí no sube prácticamente nadie, y con los dos mastines en alerta lo tenemos todo controlado. —Alicia dejó de hablar unos segundos, como haciendo un punto y aparte para reconducir la conversación hacia la materia que le interesaba. —El caso es que tu cuerpo está iniciando una transformación que es segura, necesaria y llena de vida, así que hoy vamos a hablar de varios apartados que tienen relación con la sexualidad.

La abuela entró en materia sin más rodeos, puesto que en su ser y en su edad ya no le dolían prendas hablar de temas que para otras muchas personas eran tan obscuros como meterse en una cueva subterránea.

—Para empezar, podemos preguntarnos que es la sexualidad. —Arrancó, Alicia. —Una respuesta un tanto técnica sería que la sexualidad es el instinto de atracción psíquica y física que acaba en seducción sexual hacia otra persona. Claro, esa atracción dependerá de la orientación sexual que se tenga, de forma que sí es heterosexual, lo será sobre personas de diferente sexo; si es homosexual, lo será sobre las del mismo sexo; y, si es bisexual, esa atracción se sentirá sobre personas de ambos sexos...

—Ah, quieres hablar sobre ese tema. —Interrumpió, Pipa. —Vale, hoy la profesora seré yo, así que prepárate, te enseñaré muchas cosas. —De esa forma comenzaba la jovencita de doce añitos, asegurando que le enseñaría muchas cosas a la abuela de setenta y cuatro años. Así de atrevida se mostraba Pipa.

—Muy bien, siempre debemos estar abiertos a aprender. Yo también. Pero, para abrir fuego, dime, ¿de dónde vienen los niños cuando nacen? —Empezó directa la abuela.

—Anda, esa pregunta tiene trampa, pero no caeré en ella. No vienen de Paris, ni los trae la cigüeña, sino que los chicos ponen su semilla en el vientre de las chicas y, a partir de ese momento, puede empezar a formarse el bebé —así de convencida se explicaba, Pipa.

—Bueno, no está mal del todo, lo admito. —Empezaba a echar leña al fuego, la abuela. —Verás. Antes de entrar en el apartado más importante, que podríamos llamarlo como «órganos de reproducción», propongo hablar de las diferencias fisiológicas entre chicos y chicas.

—¿Diferencias fisiológicas? —Sonrió la chica. —Hay que ver, los abuelos utilizáis palabras muy raras. Mis amigos dicen que por eso no se entienden con los mayores. ¿Qué significa ese término tan raro de «fisiológicas»?

—Pues, mira. —Explicaba la abuela Alicia. —En primer lugar, no es tan raro, es una palabra que expresa un significado concreto, que lo define debidamente. En segundo, aprovecho para decirte que la Fisiología estudia la naturaleza y las funciones de los seres vivos. Un tal Maslow consideró las necesidades fisiológicas como fundamentales en la supervivencia de las personas y animales, cual caso de respirar, alimentarse y reproducirse. Y ya metida en harina, esto me sirve para adentrarme en lo que planteaba al principio, las diferencias entre nosotras, las chicas, y ellos, los chicos.

—A ver, profesora Alicia, ayer, en el tema sobre la igualdad, quedamos en que todos éramos iguales, pero hoy ya somos diferentes. Explícate mejor —pedía la nieta alumna.

—Estás en todas, eh, chica mayor. —Replicaba la profesora. —Mira, como dije ayer, las personas, por el hecho de serlo, somos todos iguales, o, al menos deberíamos serlo. Por ejemplo, una persona, sea rica o pobre, sea hombre o mujer, sea de raza blanca o de raza negra, es igual ante la ley, es decir, la ley se va a aplicar en igualdad de condiciones a todas ellas, porque van a ser tratadas sin distinción. Pero esa igualdad ante la ley no impide que en otros aspectos seamos diferentes, y ahí entran las diferencias fisiológicas entre un hombre y una mujer que antes decía. Pero, cuidado, porque esto es fundamental y querría que lo recordaras, ya que esas diferencias fisiológicas no son mejores en la mujer que en el hombre, ni viceversa, sino diferentes, singulares, por eso se pueden complementar y cumplir con su objetivo.

—Respecto de esas diferencias que dices, pues... creo saber a lo que te refieres. Yo veo mi cuerpo y sé lo que tengo en mi caso, pero ¿y los chicos? ¿Qué tienen ellos? —Así, con esa franqueza, se expresaba, Pipa.

Vistas las preguntas de su nieta, la abuela se bajó de la hamaca arcoíris, se fue al interior de la cabaña y se trajo consigo dos vasos de agua fresca. Ella tenía un poco de sed, pero, en realidad, la interrupción le serviría para pensarse un tanto su respuesta.

—Cuando vayamos a la biblioteca de Verín te enseñare varias láminas y algunos dibujos de chicos, sin ropa, con las que te señalaré las diferencias físicas entre ellos y nosotras. De momento, confórmate con lo que te iré contando. A partir de ahora, a la vez que irás creciendo, tú cuerpo efectuará cambios importantes. El pecho se irá formando y creciendo. Los tuyos ahora todavía son pequeños, pero aumentarán de tamaño, y cuando eso ocurra, ya podrás usar sujetador, si así lo deseas.

—¿Los chicos no tienen pechos? —preguntó de repente, Pipa.

—También tienen, pero no se desarrollan como en las chicas. —Indicaba la abuela. —Debemos tener en cuenta que el pecho en las mujeres, además de ser un órgano de cierto carácter sexual, tiene la función principal de proporcionar leche para alimentar al bebé, cuya función es exclusiva y única de las chicas.

Hablando de leche, Alicia giró sobre sí misma y se adentró en el interior de la cabaña. Esta vez cogió dos tazones grandes de barro, y se fue contoneándose, cual moza de veinte años, hasta el riachuelo. De una esquina extrajo una garrafa de cristal del que vertió leche en aquellos. El agua estaba tan fría que era utilizada como refrigerador para conservarla más tiempo. Le ofreció un tazón a su nieta y ella se quedó el otro. Pipa seguía riéndose por las muestras de contoneo marcadas por su abuela. Esta continuó.

—Existen, también, otras diferencias importantes y destacadas entre un hombre y una mujer; son los llamados órganos sexuales. Las chicas tenemos vulva y vagina, en cambio los chicos tienen pene y testículos.

Se hizo un rato de silencio. Se trataba de que esa información facilitada fuera tomando asiento. Pipa mostraba mucho interés en todo lo que escuchaba. Su abuela intentaba hacerlo fácil, pero llamando a las cosas por su nombre, con algo de delicadeza, aunque sin tergiversar las cosas. Se tomaron un sorbo de leche de aquellos tazones y, tras ello, la abuela y la nieta prosiguieron con la clase.

—En los chicos, el paso de niño a hombre se produce en un tiempo de unos dos años, donde, por ejemplo, la voz se les vuelve más ronca, la cara se les va poblando de barba más o menos tupida y su órgano sexual se desarrolla.

Alicia siguió hablando

—En las chicas de los once a los catorce años se producen ciertos cambios físicos y hormonales. Se forma el botón mamario. Comienza a aparecer el vello púbico; también en las axilas. Crece el pecho y las caderas van cambiando de forma. En ese tiempo, aumenta en las chicas el interés por los cambios de su propio cuerpo y por los del sexo contrario.

Empezaba a hacerse de noche. La abuela colgó una farola de gasoil de la rama de un chopo y el asunto de la obscuridad quedó resuelto. Hasta que saliese el nuevo sol seria de noche, pero se estaba muy bien en aquel mundo. El silencio era acogedor y lo envolvía todo. La cena podía esperar. Allí no se cenaba a una hora rígida, sino cuando se sentía hambre. Ahora lo que sentía Pipa era una curiosidad muy acentuada por lo que estaba oyendo, por eso quería que su abuela siguiera tratando el mismo tema.

—¿A qué edad tienen la primera menstruación las chicas? —Preguntó la joven con renovado interés. Y, claro que estaba interesada, allí arriba, en la Guleta no existía internet ni nada escrito para consultarlo.

—En primer lugar te explicaré en que consiste: se producen unas pequeñas pérdidas de sangre a través de la vagina. No tiene que asustarte, porque es un proceso natural. Es lo que se conoce como regla, menstruación o período. Cuando eso suceda, habrás de protegerte con algún tipo de compresa, tampón u otro medio idóneo a tal efecto. Te diré que en el mercado existen unos kits de higiene íntima, que incluyen todo lo necesario para estos menesteres.

Alicia hizo una paro. Estiró sus piernas y continuó.

—La primera menstruación, suele ocurrir entre los once y los catorce años, aunque mayormente lo hace de los doce a los trece, así que, jovencita, vete preparando para el acontecimiento. Estás creciendo muy rápido. Tu cuerpo está cambiando día a día. El primer período, no tardará en visitarte.

La abuela pensó que se acercaba la hora de poner fin a la charla del día. Claro que sobre este tema podría seguir todo el trimestre, pero vendrían más días.

7 EL CATORCE CUMPLEAÑOS

Era mediodía cuando regresaban desde la finca llamada la Pipa hacia la otra denominada la Guleta. En aquella habían estado otro día más. Generalmente se iban por la mañana, llevaban algo para entretener el hambre hasta el anochecer y, por la noche, cenaban como si nunca hubieran cenado. Sin embargo, esta vez no esperaron hasta que cerca acabara el día, puesto que a las dos de la tarde ya volvían a su morada de la Guleta.

—¿Cómo que hoy no nos quedamos todo el día en la Pipa? —Preguntó, con razón, la nieta.

—Porque se me olvidó traer algo para comer y, así, esta tarde descansaremos y gandulearemos un poco, que Dios también descansó al séptimo día, al menos, eso dicen. —De esta forma, con una mentirosilla piadosa, capeó Alicia la pregunta.

A la abuela no le gustaba mentir, de hecho lo odiaba. Era cierto que algo de mentira sí que había en esta última respuesta, en tanto que a ella no se le había olvidado la comida, sino que ya desde el día anterior tenía el propósito de regresar a mediodía. Ahora bien, la diferencia entre «la mentira piadosa» y la «mentira despreciable» está en lo siguiente: la mentira piadosa no pretende engañar como tal, es decir, no hay propósito de crear un perjuicio a la destinataria, sino más bien evitarle algún problema o proporcionarle una alegría. Sin embargo, con la mentira despreciable el mentiroso pretende sacar un provecho en beneficio propio, lo cual no era así en el caso de la abuela, ni mucho menos estando su nieta por medio. La intención de Alicia no era engañar a Pipa, en absoluto, sino mantener un secretillo hasta más tarde para darle una sorpresa agradable y beneficiarla.

Caminaban despacio hacia la cabaña de la Guleta. Hablaban poco, como hacen los cansados. Cada cual pensaba en sus cosas. Pipa venía recordando que el sábado pasado había estado nadando en la piscina municipal de Verín con sus tres amigos, sus tres únicos amigos, al presente.

Alicia pensaba en que no se le olvidara nada de lo que había planeado para por la tarde. Para ella, puede que lo de esta tarde no fuera lo más importante del mundo, puesto que más años vendrían, pero se le acercaba bastante.

Entre aquellos pensamientos y andares, Pipa salió de su letargo y se lanzó al río.

—Vaya una abuela más olvidadiza que tengo. A ver, ¿no me digas qué no sabes qué día es hoy? —Apretaba la nieta tras detenerse en su camino y cortar una violeta reluciente.

—¿Cómo qué no? —Respondía la abuela dando un pellizco en la cintura de la chica. —Hoy estamos a día uno, del mes de julio, del año dos mil veinte.

—Muy lista, si señora. Eso también lo sé yo. Pero ¿cómo has podido olvidarte? Vaya, vaya, cuanto me quiere mi abuela. —Con cara de enfadada, supuestamente, así se quejaba la nieta. El enfado era supuesto, ya que la chica no estaba acostumbrada a celebrar nada, ni cumpleaños ni otras fechas, con fuegos artificiales ni cosas parecidas, pero, claro, algo esperaba.

—Vamos a ver, mi niña. —Se giró la abuela y le acarició la espalda con sus manos a modo de inicio de abrazo. —Esta mañana, mientras tú ganduleabas durmiendo, yo estaba haciéndote algún regalo para que puedas relamerte cuando lleguemos a casita. ¿Cómo puedes pensar, con lo que yo te quiero, que me he olvidado de tu catorce cumpleaños?

—Bueno, bueno. —Decía la cumpleañera. —Eso de relamerme con algún pastel ya me gusta, pero espero que sea más grande que el ultimo que hiciste, que se me hizo corto. Menos mal que solo éramos tú y yo, porque si tuviéramos invitados, que nunca tenemos, haríamos el ridículo.

La abuela se mordió un poco su lengua, pues sabía algo más sobre el catorce cumpleaños de Pipa que no lo sabía la nieta, pero, claro, era un secreto, sino no sería sorpresa y, esperaba, que esta fuera grande.

Cuando ya estaban cerca de la cabaña, uno de los dos perros tendió sus orejas y se puso en tensión. Rápidamente, Alicia llamó a los dos perros, les puso su soga y los obligó a sentarse.

Pipa le increpó desconcertada.

—¿Por qué controlas a los perros, abuela?

—Porque andan un poco alborotados. A ver si se calman —contestó simplemente, Alicia.

Llegaron a la cabaña. Dejaron en su cercado a las ovejas y se dispusieron a entrar en la cabaña. La abuela no soltaba a los perros. Abrieron la puerta de acceso. En ese momento comenzó a oírse a tres jóvenes tocar unos supuestos tambores y cantar con gran alegría y euforia:

—Cumpleaños feliz, cumpleaños feliz, te deseamos, Pipa, cumpleaños feliz.

Los tres jóvenes se acercaron y abrazaron con gran alborozo a Pipa. Eran sus tres amigos de Verín. Aquella, por el sorpresón que se le vino encima, se quedó como aturdida, como decían esos amigos: alucinando en colores.

Poco a poco fue saliendo de su alucine, pero poco a poco. Ella siempre había celebrado humildemente su cumpleaños solo con su abuela, por eso ahora se encontraba en las nubes, bastante lloraba con la emoción de ver allí, en su cabaña, a sus únicos amigos, con los que ella se sentía muy cómoda.

Los cuatro chicos se sentaron a la mesa como dos princesas y dos príncipes. No era una mesa de reyes, ni en oro ni en lujos, pero no había quien les ganara en alegría y en emociones. Primero, comieron un platazo de macarrones con carne de conejo cazado por los perros el día anterior, uno de los muchísimos que por allí se criaban. Los platos de las dos chicas, Bámel y Pipa, estaban llenos, mientras que los de los chicos, Kano y Naca, estaban a rebosar. Aquellos platazos, casi bandejas, solo se los habría levantado algún gladiador hambriento, si bien los amigos de Verín no habían desayunado, así que zampaban como gladiadores. La abuela era una experta haciendo pasta, aunque Pipa ya se apañaba muy bien. No obstante, esta vez Alicia la había hecho la noche anterior y mientras la nieta dormía para no destrozar la sorpresa por la cantidad cocinada. Devoraron una torta entera de pan que sobrepasaba ampliamente los dos kilos, hecha también por la abuela. Además, como no podía faltar, Alicia entró una tarta tipo roscón, grandiosa como media mesa, que estaba deliciosa. Mientras se tomaban la tarta, el tejado de la cabaña casi se cae con el volumen altísimo con que cantaron nuevamente el cumpleaños feliz. Excepcionalmente, la abuela les había puesto sobre la mesa cuatro botellas de litro y medio de la bebida refrescante con naranja, la preferida por los cuatro cuando se juntaban en la piscina de Verín. Casi no quedó nada. Se pusieron las botas, y los calcetines también.

Pipa seguía en medio de su alucine, lo cual iría en aumento, puesto que en cumpleaños anteriores no había gozado de más regalos que la tarta de la abuela.

—Bueno, para que recuerdes más tu catorce cumpleaños, yo tengo un regalito para ti —decía jovialmente, Alicia.

Sacó una caja de botines que había pedido en una zapatería de Verín, la cual había envuelto con un trozo de papel.

Pipa abrió la caja sin espera alguna, arrancando a tiras el papel utilizado como envoltorio.

—Aaaah —gritó grande, la regalada, dándole cuatro besos a su abuela.

Eran unos zuecos hechos manualmente por la abuela. Contenían la base de madera de castaño con una suela protectora de la madera. El empeine y la caña baja eran de piel de vaca, casi nada, la cual había sido extraída por la abuela de unas botas de caña alta que habían sido utilizadas en sus años por la madre de Alicia. Estos zuecos, aunque pareciera a algunos que no eran precisamente un regalazo, lo cierto era que en la zona de Verín suponían el último grito en moda, pues estaban arrasando entre las chiquitas pudientes.

En el presente cumpleaños, la abuela parecía intuir no se sabía qué, por cuanto, aunque ella no aplaudía el consumismo y nunca lo había hecho, esta vez había tirado la casa por el barranco, puesto que aún guardaba en su manga otro gran regalo. Por eso, se levantó de su asiento y se fue a un cuarto que se utilizaba como despensa y trastero. De por allí recogió una cajita pequeña. Estaba muy bien empaquetada con papel de regalo, con un lacito fijado por una cinta adhesiva de colores que ponía:

«Feliz catorce cumpleaños, mi princesa».

La princesa se lanzó nuevamente a los brazos de la abuela y le dio un abrazo muy intenso, pero corto. Pues, claro, la apertura del regalo no podía esperar toda la semana como habría querido Alicia.

—¡Un reloj, un reloj electrónico! —lloraba la agasajada.

La amiga y los dos amigos estaban ensimismados, mirando con ojos grandes. Mientras tanto, la abuela explicaba las razones prácticas que la habían empujado a comprárselo.

—Es un reloj digital cuadrado, de esos que llevan ahora algunas para fardar. Pero yo no lo compré para eso. Marca la hora, claro. Será el primer reloj en estos lares, aunque a nosotras nos importa poco si son las cuatro o si son las seis, salvo cuando vamos a Verín o a otras ciudades, que allí dependen mucho de la hora. Lo que me importó es que, eso me enseñaron, el aparato tiene una brújula muy potente para una buena orientación, lo cual puede ayudar mucho a Pipa a situarse por estos andurriales, que yo no voy a durar siempre.

—Pero si a este dispositivo lo conectas al sistema de navegación, te dice dónde estás y te lleva a donde quieras —precisó Bámel.

—Sí, será así. —Precisó más, Alicia. —Ahora bien, por estas montañas hay muy mala cobertura o no existe, por eso no sé si se va a poder navegar mucho, mientras que la brújula es autónoma y siempre funciona, espero.

Pipa se había puesto en su muñeca derecha su super reloj. Kano le dijo, casi al oído, a ella sola, que él creía que el reloj iba en la muñeca izquierda; ella aprovechó para cambiarlo y para volver a exhibirlo. Estaba más contenta que una niña con reloj nuevo.

Pero, igual que los besos siempre van de dos en dos, porque uno solo sabe a poco, las alegrías también. Bámel volvió al exterior de la cabaña y regresó con algo en su mano. Se sentó. Miró la cajita como haciendo ver que pensaba «me lo quedaría para mí», pero no. Se levantó, se lo ofreció a Pipa al tiempo que simplemente dijo:

—¡Feliz cumpleaños, Pipa. Esto es de los tres!

Pipa volvió a entrar en fase de desmayo. Nunca había vivido nada igual. Las manos le temblaban. Se pasó su brazo derecho por delante de sus ojos. Consiguió destripar el papel envoltorio y..., y lo vio. Sus ojos llorosos le dejaban ver muy poco. Tuvo que pestañear varias veces para convencerse, por el dibujo de la caja, que sí, que era un móvil, un móvil de verdad, no un trozo de palo simulando un móvil que ella muchas veces se había imaginado, sino que esta vez, en su catorce cumpleaños, por fin, al fin, tenía un móvil auténtico. Los regalos de la abuela le habían gustado mucho, pero este...

La cumpleañera sacó la tapa superior de la caja, agarró el dispositivo en su mano como si agarrara un tesoro estelar y, sin soltarlo, no fuera a ser que algún buitre se lo quitara, se abalanzó sobre los tres amigos y se quedó en medio, sin saber a cuál de los tres abrazaría primero. Bueno, la brisa limpia y sana de la montaña sabía que Pipa habría preferido primero y por más tiempo abrazar a Kano, pero esa brisa montañesa, que era muy sana, no iba a decir nada, por ahora.

Al final, le dio un abrazo a cada uno de los tres con un sentido «gracias». Lo hizo por el orden que estaban sentados. Primero, Bámel; luego, Naca; después, Kano. Este último fue el único que superó la emoción y le susurró al oído, mientras sentía la emoción del abrazo:

—Felicidades, princesa.

Pipa explotaba de emoción. Tenía un móvil y había oído de Kano la felicitación con el calificativo de «princesa».

Sus amigos también estaban impresionados. El chico un poco más alto se llamaba Kano, si bien no se sabía nada más de él.

—Bueno, tampoco vamos a hurgar de dónde viene —le había dicho, Pipa, a su abuela.

El nombre de la chica era: Bámel. Acostumbraban a llamarla fonéticamente como Bamel, aunque ella insistía que se llamaba Bámel.

El otro chico, un pelo más bajo que su amigo, era NACA. El nombre completo y oficial era Anacardo, aunque a él no le gustaba nada. Algunos cretinos, con segundas intenciones, se habían quedado con la parte anterior y le llamaban, Ana. Otras tan cretinas, con tan pocas luces como aquellos, se quedaron con la parte posterior y pretendían llamarle, Cardo. Él, que era el interesado, ni Anacardo, ni Ana, ni Cardo. Siempre se presentaba como, Naca.

Los tres amigos de Verín, de la biblioteca y de la piscina, venían invitados por la abuela, que se había propuesto organizarle a su nieta un catorce cumpleaños de lo más especial posible, como si dudara que pudiera asistir a otro posterior. Ellos le dijeron a la abuela que querían comprarle a Pipa un móvil baratito, que así podrían estar en contacto. La abuela, a pesar de algunos inconvenientes que no se le escapaban, accedió a lo del móvil, ya que su nieta necesitaba relacionarse con otras chicas y chicos de su edad, evitando convertirla en una persona ermitaña.

Esos tres amigos de edad, muy poco pudientes, habían hecho un gran esfuerzo económico. Consiguieron reunir setenta y dos euros para comprarle el móvil más baratito que encontraron. Claro, después estaba la cuota de la compañía telefónica que habían elegido, que no era una gran cuota comparada con el resto de los mortales, pero ni la abuela ni la nieta pagaban cuota alguna hasta ahora, ni de electricidad, ni de agua, ni de seguro, nada, pero, ahí estaba la primera. El caso era que cómo le decía a su nieta que no, que no pagaría la cuota telefónica de su primer móvil, así que, también entró en la noria y, a dar vueltas, como todos.

Los amigos querían darle a Pipa el móvil ya configurado y funcionando, pero para eso, para registrarlo y darle línea, la compañía telefónica les pedía los datos de Pipa, de la que solo sabían su nombre. Además, hacía falta un número de cuenta para los cargos mensuales de las cuotas, así que tuvieron que recurrir a la abuela y registrarlo a nombre de Alicia.

Pero eso no era todo. ¿Dónde cargaban la batería del móvil si en la cabaña no había ni un solo enchufe? Alicia pensó que en Mourazos o en Verín cuando fueran por allí, pues al principio aguantaría cerca de la semana.

A todo eso, la abuela se mantenía un tanto en segundo plano, cediendo el protagonismo a los jóvenes, aunque estaba más feliz que la Virgen Contenta. La que estaba mucho más que contenta y feliz era la nieta, quien apretó el botón de encendido de su flamante móvil. Este se puso en marcha, cargó el sistema operativo, además de algunas aplicaciones y ahí se quedó. La chica, que ya había toqueteado algunos móviles de sus amigos, puso el navegador a trabajar, pero nada.

Así, Pipa, se encontró con la realidad de que no había cobertura. El amigo menos alto, Naca, decidió por su cuenta. Le pidió el dispositivo a la chica, lo metió en el bolsillo de su pantalón y trepó por el chopo hasta cerca de la copa. Este era un arbolote gigante, uno de aquellos dos en donde la hamaca arcoíris estaba atada y sujetada. Desde arriba gritó:

—Guay. Aquí arriba hay cobertura. Es bastante buena. Cuatro rayitas.

—Vale, arriba hay cobertura, pero aquí abajo, no. ¿Y cómo lo hacemos? O nos vamos a la parte alta del cerro Los Lagartos o subimos al chopo. ¿Qué? —Razonaba, Bámel.

Se miraron los tres amigos que se habían quedado en tierra firme. Pipa arrancó de inmediato y se encaramó por el chopo. Detrás le siguieron los otros dos jóvenes. Se reunieron los cuatro en la parte alta del chopo amigo, que los soportaba sin quejarse. Cada uno estaba sentado en una rama de las cuatro en cruz que salían del tronco del chopo. Pipa, con su super móvil, hizo allí la primera llamada telefónica a su amiga, que estaba a un metro de distancia; hizo su primer búsqueda en el navegador, cualquier cosa; puso su primer mensaje, que decía simplemente «hola»; y, sin pérdida de tiempo, escucharon el primer vídeo musical más triunfante del momento.

—Pero, bueno, que os vais a matar los cuatro. Bajad inmediatamente de ahí, ¿no veis qué las ramas de tan arriba son muy delgadas para aguantar vuestro peso? Os vais a dar un golpe de muerte —eso decía y exigía la abuela al percatarse de donde estaban encaramados los cuatro amigos.

Kano, dando muestras de cierta sensatez, descendió un metro y medio, colocándose cerca de la mitad del chopo, donde las ramas ya eran de un grosor muy superior. Le siguió, Pipa, con su dispositivo. Detrás vinieron los otros dos. Había disminuido un poco la intensidad de la señal, aunque parecía suficiente, entre dos y tres rayitas.

El mismo Kano, como si un tanto se estuviera erigiendo en el líder de la cuadrilla, le propuso a Pipa que podrían subir, hasta donde estaban, unos tronquetes abiertos por la mitad y unas tablas para colocar allí arriba una especie de base de altura, en la cual estarían más cómodos y tendrían cobertura asegurada para el móvil. Y si, además, se colocaban unos apoyos por el tronco para trepar más fácilmente hasta la mitad del gran chopo, aquella sería la base de operaciones perfecta para su amiga Pipa.

Se acercó la hora en que el autobús, que los llevaría a los tres a Verín, pasaba cerca de la cabaña. Se despidieron con besos, con varias promesas y con algunas consignas, que utilizaban entre los jóvenes para sus quedadas. Alicia les entregó tres billetes para el bus. Ella no era rica, pero los chicos lo eran menos. Eso le llevó a pensar en silencio:

«¿De dónde son estos chicos? No parecen malos niños, pero ¿y sus padres, no los vigilan nada de nada?»

Pipa, que inicialmente se quedó un poco triste, se puso a escuchar música con su móvil. Abajo no había cobertura, pero arriba habían grabado algunos audios y vídeos y ahora los estaba disfrutando.

La abuela Alicia se decía para sus adentros:

«¡Dios, que tendrá el móvil ahí adentro que los engancha tanto!». Aun así, en algo ella estaba contenta, puesto que con aquel trasto nuevo tendrían mayores posibilidades de contacto exterior en caso de algún problema serio, por ejemplo, de carácter médico. Por otra parte, observar que su nieta del alma ya tenía unos amigos en quién confiar, esperaba, eso le ensanchaba el alma. Ella reconocía que se estaba haciendo mayor, y sentir que su niña se pudiera quedar sola, con catorce años, buf, le encogía el corazón. Claro, para que el móvil funcionara, ella había tenido que entregar sus datos personales a los tres chicos, incluida la cuenta bancaria, para ser trasladada a la red telefónica y dar de alta el dispositivo, lo cual no le hacía ninguna gracia.

Al final, movió la cabeza, levantó la mirada y le dijo al bosque donde residía, a la sociedad donde vivía:

—¡O juegas, con sus problemas, o te quedas fuera del juego! Así es esta vida.

O ÚLTIMO VIAJE DE LA ABUELA

¿Qué era lo que más consumía las horas de la nieta y de la abuela en la cabaña la Guleta y sus alrededores? El cuidado de sus diez ovejas. Estas rumiaban por sí solas, pero había que estar pendientes de ellas en la ida, en la vuelta y durante su estancia en el campo, ya que eran animales muy sensibles al miedo y si se sentían amenazadas se estresaban y acababan con problemas para conciliar el embarazo y otras funciones.

Ahora bien, había que reconocer las grandes ventajas que estos animalitos aportaban a la naturaleza, las cuales eran bien conocidas por la abuela Alicia. Esta las defendía con mucho convencimiento y ahínco.

Las ovejas, por el hecho de rumiar la hierba, brotes, hojas verdes y tallos jovencitos, contribuían a limpiar de maleza y mejorar la vegetación de las áreas boscosas, arbustos y plantas en sus distintos tipos. Esta acción de las ovejas y otros animales ayudaba en gran medida a evitar uno de los peores enemigos de los árboles y de la naturaleza en general: los incendios.

Cuando había grandes rebaños de ovejas, cabras, vacas y otros animales pastando por el campo, este y los bosques estaban limpios en forma natural. La abuela decía:

—Limpia y protege más una oveja en primavera que diez bomberos en verano.

En la actualidad, por el contrario, todo estaba lleno de maleza y de hierba seca. Esta podía comenzar a arder debido a muchas causas, caso de un rayo que la incendiara, una lata metálica o una botella de vidrio que, al producir efecto espejo, focalizara los rayos solares en un punto provocando una ignición y posterior incendio devastador, así como otros motivos debido a la falta de limpieza. Claro, todo ello con independencia de la plaga de incendios provocados por los intereses y el egoísmo del hombre, que eran la mayoría. El beneficio estaba en que, tras un incendio intencionado y planificado, la madera quemada la podían comprar casi regalada, los medios antincendios facturaban su tiempo de apagado y extinción del fuego a precios muy altos y, así, otros varios.

Alicia estaba enormemente sensibilizada contra los incendios forestales, puesto que el bosque era su hábitat natural. Ella conocía los desastres que provocaban en la naturaleza los incendios dirigidos, es decir, no los fortuitos, sino los que se preparaban por desalmados. Esto implicaba la muerte de muchas especies vegetales, especialmente las más sensibles a las altas temperaturas, así como la de animales con poca movilidad, cual caso de las abejas en sus enjambres, los caracoles, las lagartijas y otros muchos que quedaban atrapados y perecían, sin descartar desgracias humanas.

Todo eso se había incrementado muchísimo desde que la pasividad de las instituciones y la miopía de la sociedad venía empujando a que los hombres abandonaran el campo y la montaña, desplazándolos hasta congregarlos en zonas masificadas. Y, ¿qué buscaban en esos guetos? Pues, una vida reluciente, llena de brazaletes de oro que, claro está, no había para todos y, mientras tanto, el espolio del bosque proporcionaba grandes beneficios a unos pocos sin conciencia.

El pastoreo también contribuía a la polinización de las plantas autóctonas, es decir propias del lugar, facilitando que las plantas y árboles se extendieran por el campo y se evitara su conversión en desierto. ¿Y cómo se producía esa contribución a la polinización? Comenzaba cuando las plantas y arbustos florecían, cuyo polen, que posibilitaba el comienzo de una nueva vida vegetal, se incrustaba entre la lana de los animales y era trasladado y esparcido por diferentes lugares donde germinarían nuevas plantas. También, por el transporte de muchísimas semillas que los animales realizaban de un lugar a otro en su estómago, las cuales volvían a la tierra en forma de estiércol, pero en modo válido para que germinaran y crecieran otras plantas.

Y ello sin olvidarnos de los grandísimos beneficios que durante siglos la lana tuvo para los humanos. Claro, como en la actualidad los tejidos eran de plástico, ya no se utilizaba la lana. Para la abuela y para la nieta la lana de las ovejas suponía una parte del sustento. Alicia le contaba a Pipa que la lana en las ovejitas crecía en forma más rápida que el pelo en las personas, pues cada primavera ellas tenían que raparlas para que pudieran soportar mejor las temperaturas del verano. Esa lana era tratada por la abuela. El objeto era convertirla en hilo que posibilitara tejer diferentes medios de abrigo para el invierno, tales como calcetines, jerséis, guantes y mantas, que en las noches heladas se convertían en un regalo de los dioses. Y cuando esa lana producida por las ovejas excedía las necesidades propias de las dos, la misma era utilizada como trueque o vendida en el mercadillo de Verín para conseguir un dinerillo que venía muy bien para adquirir otros artículos sobre los que ellas no eran autosuficientes, como algo de aceite, ciertas frutas y etcétera.

Pasó alguna semana. La abuela sentía que estaba menguando en fuerzas. Estaba moviéndose por el alambre de los setenta y cinco años. Ella esperaba cumplir muchos más, pero una especie de reloj interno, invisible para los demás, pero sensible para la interesada, le comenzaba a recordar que la maquinaria empezaba a estar cansada. También, que debía descansar más a menudo y que, asimismo, debería ir menos a prisa, pero esos serían solo remiendos, puesto que la maquinaria de su cuerpo no la podía trasplantar al completo, lo cual marcaba los tiempos.

Eso le hizo proponerse a sí misma, con toda intensidad, que debía proporcionarle a su nieta la mayor información posible sobre sus fincas, sus accesos, sus bosques, montañas, pistas, riachuelos, valles y cualquier otra información que le sirviera de ayuda. Lo que pretendía es que su chica tuviera una perspectiva general de toda la comarca de Monterrei, por donde ella se iba a mover básicamente, pero también de Vilardevós, Riós, Oimbra y otros municipios colindantes, incluso generales de toda la provincia ourensana.

Por eso, comenzó a explicarle todo lo que se le iba ocurriendo respecto de aquellos bosques y sus alrededores.

—Ya hemos hablado otras veces sobre la situación de las fincas y sus zonas colindantes. Aun así, prefiero pecar por exceso que por defecto —esa era la idea de Alicia.

Aquel era un atardecer medio soleado. En el cielo se podían observar más zonas ocupadas por nubes grises que trozos despejados por donde pudieran colarse los rayos solares. No obstante, el viento se había ido a dormir la siesta y el calor reinante era asfixiante. Eso era aprovechado por centenares de mosquitos al acecho que, sin tregua, intentaban procurarse la merienda esperada a picotazos, sobre todo cuando su olfato les chivaba que animales de lana andaban por los alrededores.

Ellas dos, abuela y nieta, volvían de la Pipa, aquella zona boscosa de pinos y robles sobre las laderas de las montañas no muy elevadas. Entre dos lomas poco pronunciadas discurría serenamente un pequeño arroyo de agua cristalina, ya que por allí no habitaban industrias ni petroleras que pudieran contaminarla. Este arroyo tenía su manantial tan solo unos dos kilómetros más al norte de la cabaña, del cual brotaba un caño de agua fría, muy fría para ser verano, que entusiasmaba hasta a los más exigentes. De aquel agua limpia y clara se nutría todo un mundo de acacias, las cuales formaban un mantos de flores amarillas que perfumaban todo el contorno y suponían un regalo para la vista.

En un hueco robado al dominante bosque de acacias amarillas poseía la abuela una finca de unos tres mil metros cuadrados de superficie. Esta finca no estaba cuidada como un auténtico prado, puesto que por sus zonas húmedas aparecían helechos y otras plantas impropias, aunque sí proporcionaba a las ovejas un pasto verde y muy apetecible.

Esa propiedad de pastoreo, con nombre de Pipa, era bien conocida por la abuela, con cuyo apelativo relacionaban a esa finca con la zona del mismo nombre. Allí solían venir a semanas alternas y por allá habían pasado ellas buena parte del presente día. A la nieta seguía gustándole mucho la cabañita que hacía algunos años atrás hicieran en la finca y sobre una roca, a la que iban haciéndole arreglillos en su tejado de ramas para que se mantuviera en buen estado. Andando la tarde, las ovejas habían llenado sus barrigas de hierba y brotes tiernos que el agua del reguero posibilitaba, mientras que las dos pastoras habían saciado su tripa con agua fresca y con las primeras moras del año, manjar que los dioses permitían que en la zona se criaran un par de meses más tempraneras.

La abuela y su nieta regresaban a casa, a su cabaña de la Guleta, acompañadas de los dos mastines respetables y de su rebañito de ovejas. Estas eran llamadas en forma individual, y si bien la abuela las identificaba con alguna dificultad por su nombre a todas ellas, a Pipa no se le escapaba ni una, las conocía casi con los ojos cerrados y, por su puesto, tras el balido de cualquiera de ellas.

Avanzaban por un camino más bien estrecho, rodeado de retama con flor amarilla que pretendía ganarse su espacio vital por debajo de pinos dominantes, algo soberbios. En el lado derecho de un recodo del camino avistaron parte de las casas del pueblo de Mourazos, un lugar pacífico, sin sirenas de ambulancias ni pitidos de automóviles, cuyos vecinos se movían con el cansancio natural de quienes no tienen prisa.

Esos vecinos censados de Mourazos elegían un concejal al ayuntamiento de Verín, quién sería su representante en ese consistorio, pero que cada vez su representación era más pequeña.

—Abuela, ¿cuántos habitantes tenía este pueblo de Mourazos hace setenta años? —preguntó la nieta, cuya cara todavía expresaba cierto grado de inocencia.

—Unos quinientos habitantes —confesó la abuela, quién mostraba un semblante de cierta nostalgia.

—¡¡Haaala!! ¡Que montonarro! Y actualmente, ¿cuántos tiene? —repreguntó, sin ocultar un buen asombro, la más pequeña.

—Pues, mira, este pueblo nuestro, que su nombre oficial es San Martiño de Mourazos, hace setenta años contaba con más de quinientos habitantes. En el año 2007 estaban censadas ciento sesenta y cinco personas y, ahora mismo, seguramente no alcanzará los cincuenta residentes. ¿Qué te parece, cariño? A este paso, dentro de pocos años no quedará nadie, será como un pueblo de almas elevadas al cielo —así de lacónica se expresaba la abuela.

Y no era para menos, aquello era algo imparable. Lo era por decisiones comunes, compartidas, especialmente políticas.

Al norte de Mourazos y en dirección a la ciudad de Ourense se podía visualizar, cuando se alzaba la vista unos seis kilómetros de distancia, la villa encantada de Verín, la cual todavía albergaba a cerca de quince mil valientes sufridores. Esta villa era la más cantarera y concurrida en fiestas y jaranas de toda la región. La misma quedaba ubicada a los pies del legendario castillo de Monterrei, desde donde se dominaba visualmente esa comarca de Verín, la más calurosa y sedienta de toda la Comunidad Autónoma de Galicia.

Sin embargo, las dos pastoras y sus ovejitas no se dirigían al pueblo de Mourazos, ni mucho menos a la villa de Verín, sino a su morada situada en la gruta conocida por los nativos como las Goletas. En estos parajes, la abuela había heredado de su padre una finca de unos cinco mil metros cuadrados de extensión, en donde estaba ubicada la cabaña concluida por Alicia, aunque iniciada por su padre, a la cual había bautizado como la Guleta, una aproximación fácil a Las Goletas, nombre más genérico que identificaba aquella zona boscosa.

Esa finca, la Guleta, podría dar fe de más de media vida de aventuras y desventuras de la abuela. Estaba constituida por una planicie sobresaliente, aunque con un terreno con algo de pendiente. Por su parte sur, mirando hacia Portugal, lindaba con un riachuelillo que los lugareños conocían como Reguero de Sandín, por el que se movía un agua llena de vida. Su lado oeste se tocaba con un puente de muchos años, que allí resistía, siguiendo el cual, caminando una semana sin detenerse, alguien podría alcanzar la comarca Sanabresa de Zamora. Si se miraba hacia el oeste se divisaba el valle de Monterrei, otrora poderoso en riquezas hortelanas con que alimentar a los comensales que se sentaran a la mesa. En el otro lado, apuntando al norte llegaríamos rápido a Verín, villa de soñadores, y siguiendo más hacia el norte encontraríamos la ciudad de Ourense, población de trovadores.

En esa finca heredada, la abuela ya casi nada cultivaba, puesto que, con su edad, poco más podía cultivar que no fuera alguna gracia para hacer sonreír a su nieta. Lo que sí cuidaba era un rebañito de nueve ovejitas y un carnerito. Estos diez animales, que les proporcionaban leche, lana y compañía, durante una semana rumiaban en la finca llamada la Pipa y, la siguiente, en esta nominada la Guleta, cuya alternancia favorecía que los pastos se recuperaran y renovaran adecuadamente. La ubicación de las dos fincas formaba un triángulo equilátero perfecto con el pueblo más cercano, de forma que en el vértice izquierdo de su base geométrica estaba Mourazos; en el de la derecha, a tres kilómetros de distancia, aparecía la Guleta; y, en el vértice superior, justo a otros tres kilómetros certeros, se ubicaba la Pipa. La distancia y la ubicación entre ambas era perfecta para caminarla y patear sus senderos, los cuales ofrecían abundancia de florecillas campestres, ideales para no sentir el agobio de las ciudades tumultuosas ni sufrir la soledad de las montañas olvidadas. Pipa era una admiradora de las violetas que por las cunetas de los caminos crecían. Las olía y algunas deshojaba. Nunca dijo en favor de qué ni de quién.

Fueron pasando algunas horas. La luz solar fue a menos, igual que las fuerzas de Alicia. Esta no quiso cenar nada. Le dijo a su amada nieta que, debido a un cierto grado de cansancio, se acercara para darle un beso y desearle buenas noches. Además, para su interior, la abuela también se dijo:

«Buenas noches y... buena vida».

Por la mañana, todo estaba en silencio. Era cerca de media mañana. Pipa se despertó, pero cómo no se oía nada, dio media vuelta y se volvió a dormir. Se estaba acercando el mediodía. La nieta volvió a despertarse y se estiró de brazos y piernas, que era un acto saludable y entendible cuando alguien está solo. El silencio seguía. Ganduleó un poco.

—Abuelita, ¿seguimos durmiendo hasta la siesta? —Le propuso, la nieta.

No recibió respuesta.

—¿Ese nada significa un sí, abuela? Repreguntó, Pipa.

Tampoco recibió respuesta.

—Mi abuela está muy sorda —decía, la nieta, mientras se levantaba.

Se fue al cuarto de la abuela, que estaba al lado, tan solo separado por una estrecha pared de ramas de árboles entrelazadas. La vio en calma. Serena. Dormida. Dudó en despertarla, pero no era nada habitual que Alicia se estuviera en cama hasta mediodía y, mucho menos, profundamente dormida.

—Abuela, despierta.

Silencio.

—Por Dios, Abuela, que no me gustan estas bromas.

Nada, no hubo respuesta; tampoco, movimiento alguno.

Pipa empezó a sentir que el firmamento se le caía encima. Le gritó a su abuela. La zarandeó. Le apretó la nariz. Nada.

La que había sido su abuela del alma, había dejado de serlo. La nieta se quedaba sola y huérfana, de padres, de abuelos y de cualquier otro parentesco. Su abuelita, que andaba por los setenta y seis años, había dejado de respirar y se había ido al cielo. Era su último viaje, no regresaría. Su cuerpo seguía en la cabaña, pero su esencia se había marchado en dirección a las estrellas.

La nieta, desorientada, perdida, asustada, se dejó caer de cualquier manera en una esquina del cuarto y allí estuvo no se supo cuánto tiempo. Las uñas de sus manos acabaron totalmente mordidas, bastante sangrando. Los ojos estaban como deformados. Las piernas rojas, magulladas y medio paralizadas.

El sol ya se había situado en lo más alto, porque el sol no se detiene por nadie. Por, Pipa, tampoco. Había transcurrido toda la tarde, la noche completa y el principio de la mañana siguiente.

Sí, así era. Ella había estado tirada de cualquier modo, de mala manera, durante muchas horas. Le dolía todo. Pero, Pipa llevaba sangre de leona, sangre de la jefa de la selva, sangre de la abuela Alicia.

—¡Mi abuela no se habría hundido. No lo habría hecho. Yo tampoco lo haré! —Murmuró para sí.

De esa forma, levantando la cabeza como si tuviera treinta años, cuando ni siquiera había cumplido los quince, se levantó con trabajo, se fue al exterior y se subió a la hamaca arcoíris, donde se mantuvo otras dos horas entre sollozos, entre recuerdos, entre pensamientos, que alguno también tuvo en esta parte más reciente.

Se puso a hablar consigo misma. Tenía quince años, todavía no, pero tendría que estirarlos. El cerebro es muy elástico. Debía acostumbrarse. La abuela ya no estaba.

—No puedo tener aquí a mi abuela, en su cama, todo el año. Tengo que hacer algo, pero ¿qué? ¿La entierro o la... incinero?

Dudó mucho, mucho. Algo que no parece complicado, acaba siéndolo muchísimo. Al final decidió que haría ambas cosas. También tomó la decisión de no comunicar a nadie su despedida. ¿Para qué? Nadie, en toda su vida, de las administraciones ni de los gobiernos se habían interesado por ella. Ellas no votaban en las elecciones. La abuela no vendía su voto y Pipa no tenía edad para votar. Los conocidos del «Val de Monterrei» la habían criticado sin piedad y pinchado desde la cabeza hasta los pies. Ahora no iba a permitir que lavaran su conciencia diciendo: ¡Que buena persona era!

Se bajó de la hamaca arcoíris. Entró en la cabaña. Las piernas bastante le temblaban, por la tensión de aquello y, en parte, porque llevaba mucho tiempo sin tomar nada, ni sólidos ni líquidos. Mordió sus labios y se repuso. No supo cómo, seguro que golpeándose ella y la abuela, pero acabó envolviendo a esta en las dos sábanas de la cama. Era todo lo que había. Hacía calor. No necesitaba nada más. Consiguió arrastrar las dos sábanas, con lo que quedaba de Alicia dentro, unos diez metros, aunque unas piedras en su camino y las pocas fuerzas que le quedaban hicieron que el avance fuera cero.

—Ayudadme. Venga. —Bastante gritó, Pipa, más bien exhausta.

Los dos perros mastines, que estaban en alerta y desconcierto, agarraron con su dentadura sendas esquinas de las sábanas y, marcha atrás, como era la vida en aquel momento, contribuyeron a que alcanzaran un pequeño promontorio que Pipa había elegido. Aquello estaba libre de maleza y de vegetación, donde asomaban dos rocas casi totalmente hundidas en la tierra, entre las cuales quedaba un hueco de aproximadamente un metro de ancho por otro de profundidad. Alcanzado el destino, se sentó un buen rato. No podía moverse. Cuando le pareció que sus fuerzas algo se habían recuperado, empujó, rodando vuelta tras vuelta, a dos troncos de cerca de medio metro de diámetro que le servirían de base, de altar, para su propósito. Añadió encima unos veinte o treinta tronquetes menos gruesos, como el brazo de una persona y, sobre estos, dejó caer varias brazadas de leña menuda.

Pero, faltaba algo que encendiera la leña y estimulara el fuego. De muy mala gana, Pipa regresó al trastero de la cabaña, de donde recogió una cajetilla de cerillas, un trozo de papel y una lata con cuatro litros de aceitón que procedía de los cambios de lubricante de los coches. A la abuela se lo regalaban, porque les sobraba, en un taller de automoción cerca de Verín, cuyo aceite usado era utilizado en la cabaña para alimentar a los faroles con los que ganarse algo de luz por las noches.

Encima del gran montón de leña, la chica vertió unos chorros de aceitón usado. Finalmente, se llenó de valor, volteó las dos sábanas, con el corazón de la abuela dentro, encima de la leña y, medio temblando, se retiró dos o tres metros.

Finalmente, vino lo imposible. Encendió un trozo de papel con un fósforo, pero no pudo dejarlo encima de la leña. Se le cayó al suelo. La ligera pendiente favorable y la pequeña brisa, que no se supo de dónde salió, hicieron que el papel encendido acabara sobre la leña, la cual, mediante el aceite, comenzó a arder.

Pipa se quedó tendida sobre el suelo, boca abajo, con cuya posición las lágrimas no se contienen. La incineración había comenzado, bueno, algo parecido.

Pasaron muchos, muchísimos minutos. El cerebro de la chica volvió a activarse.

—Es lo que tú querías, una incineración artesanal ¿no? Mañana, tus cenizas irán a la tierra. Así descansarás para siempre.

Eso le decía la nieta a su abuela, aun cuando esta no pudiera oírla. Aquella solo hacía que recordar y cumplir el deseo que pocos días atrás le transmitiera Alicia. Pipa nunca supo si aquello expresado por su abuela era un deseo expreso o más bien una forma de decirlo, pero la chica estaba emperrada en cumplirlo sin contradicciones.

Se estaba haciendo de noche. Pipa entró es su cabaña con la intención clara de meterse directamente en su cama. Suerte que la inteligencia de algún ángel hizo que, antes de entrar en cama, se tomara medio tazón de leche del tiempo, sin azúcar, ni cacaos, ni añadido alguno. La chica abandonada se tumbó encima de su cama, se encogió, se metió parte de sus rodillas en su boca y se quedó agarrotada, metida en suspiros y escalofríos, aunque no hiciera nada de frío.

Transcurrió la noche en forma dura. Una chica adolescente duerme toda la noche como una ovejita, lo cual no fue su caso, puesto que ella se despertó con frecuencia, en medio de sobresaltos, a pesar de que estuvo permanentemente flanqueada por sus dos perros mastines.

Por la mañana sucedió lo previsible. Proceder al entierro de la abuela no iba a ser nada fácil. Por allí, cerca del río, Pipa tuvo que cavar un espacio en la tierra para que la abuela Alicia se pudiera sentir... no incómoda. Eso no supuso un gran problema. Sin embargo, recoger lo que el fuego había dejado el día anterior, uf, eso fue horrible. Una vez realizado el traslado, acondicionados los recuerdos y cubierto todo ello con la tierra previamente extraída, allí quedó la abuela, en un espacio entre dos rocas y el río, donde nadie osaría nada, ni pisar siquiera, descansando muchos siglos.

El acto de despedida se había llevado a término en presencia y con la mirada atenta y triste de las diez ovejitas, de las dos gatitas y de los dos mastines. La nieta y estos catorce seres de cuatro patas habían sido sus amigos. Estos quince importantes estaban, los demás no valían la pena. Bueno, sí, Kano, Bámel y Naca también habrían acudido, pero no sabían nada, pues era la nieta quién no estaba para mensajes ni nada parecido.

Exhausta, Pipa no aguantó más. Llevaba sangre de la leona Alicia, sí, era cierto, pero también lo era que tenía catorce años. Se dejó caer sobre el césped. Estaba tendida boca arriba, mirando a las nubes, tal vez a las estrellas, puede que al mismísimo cielo.

—Abuelita, tú no me vas a dejar sola, ¿verdad que no? Yo siempre estaré contigo, aquí, y sé que tú nunca dejarás de estar conmigo, ahí.

Y era verdad, Alicia siempre estaría allí cerca, al lado del río, a diez metros de la cabaña, controlando a los malos, animando a los buenos.

Pipa entró en modo alterada, en formato reproches. Levantó los brazos y la vista hacia el cielo y se enfrentó con sus moradores, pidiéndole explicaciones a sus gobernantes.

—No entiendo por qué tengo que quedarme sola.

Seguidamente, al jefe del cielo le preguntó con rabia, bastante le reprochó:

—¡Dios, tú no me quieres! Me has quitado a mi mami, a mi papi y a mi abuelita. ¿Qué te han hecho ellos? ¿Qué te hice yo? Eres un egoísta. Si un día te encuentro por aquí no esperes ni que te mire. No volveré ni a nombrarte.

9   LA ROCA

La brisa que por los bosques de las Goletas se movía en aquellos días, cuando alcanzaba la cabaña perdía fuerza y se tornaba triste. Se detenía dos segundos, como si quisiera presentar sus respetos y, medio pidiendo disculpas, continuaba su camino en silencio, apesadumbrada.

Nada ya en aquel mundo de las Goletas era ni sería nunca lo mismo. Alicia había sido la guía, la guardiana y la jefa de aquellos lares ahora desorientados. No se puede aparcar ni olvidar en pocos días todo aquello que se ha compartido y vivido durante tantos años.

Aun cuando ya habían pasado media docena de atardeceres desde que la reina Alicia se embarcara hacia lugares lejanos, las ovejas permanecían con las orejas mustias, bastante caídas. Las gatitas tenían los ojos enrojecidos, como griposos. Los perros mastines parecían asustados, con su cola entre las piernas. Sin embargo, con todo y por encima de todo, los catorce animalitos sabían que ahora se debían a la nueva jefa, que era joven, inexperta, pero era la jefa Pipa, a la que seguirían cual muchedumbre sigue a su profeta.

Esa nueva profeta, la nieta de la reina Alicia, portaba sangre de la realeza. Una realeza muy humilde en medios económicos, eso era innegable, pero también lo era que la nieta poseía algo que escaseaba mucho en las realezas poderosas, como era su generosidad inmaculada y su espontaneidad impoluta. Su generosidad no estaba condicionada por el egoísmo que mayormente dominaba a la nobleza engalanada, puesto que los nobles solo daban dos puñados de lo suyo cuando tenían garantías de recibir al menos cinco. Su espontaneidad no estaba contaminada por la polución negruzca de los palacios ni de las mansiones, ya que las Goletas configuraban un mundo sin humos ni carbones, en peligro únicamente cuando se provocaban incendios desalmados.

No obstante, viviendo la princesa, Pipa, bastante cerca de la miseria económica, ella se sentía más afortunada que otras muchas ricachonas. Tenía dos ojos muy grandes para ver las estrellas, que desde la hamaca arcoíris de la Guleta se observaba a muchas más y mucho más brillantes que desde cualquier otro sitio. Poseía dos oídos muy sanos para escuchar los trinos de los pajarillos amigos, a los que, poder escucharlos después de acostarse y antes de levantarse suponía una delicia, un regalo a los sentidos, impensable desde cualquier cama situada en medio del martilleo de cualquiera de las ciudades terrestres.

Disfrutaba de la compañía de los catorce compañeros de la cabaña, es decir, los dos perritos, sus dos gatitas y las diez ovejitas, que eran mucho más fieles que la mayoría de los humanos.

Cada noche, los dos perritos mastines se quedaban en el interior de la cabaña, si bien siempre detrás de la puerta, controlando con su oído y olfato finísimos por si algún malintencionado osaba acercarse a menos de un kilómetro. ¡Apañado iría!

Las dos gatitas se subían a la cama y dormían una a cada lado de la jefa, pero sin meterse debajo de la ropa. Era verano, por eso no hacía falta taparse mucho, aunque por las madrugadas algún cobertor se agradecía.

Eran diez ovejitas, bueno, en verdad, ovejitas solo eran nueve, ya que, un lanudo con el cuerpo un poco más grandullón, no era una ovejita, sino un carnerito, que era el novio preferido de aquellas, el que ponía paz cuando entre dos ovejitas surgía algún enfado. Esas nueve ovejitas le daban leche natural que tomaba durante la siguiente media hora tras haberla ordeñado, sin desnatados ni pasteurizados. Además, dado que ella sola no consumía toda la leche producida por sus ovejas, toda la excedente la hervía por la noche y, por la mañana siguiente, la llevaba a Verín, donde se la compraban a un precio moderado, aunque para la chica era casi una fortuna.

Pipa también tenía una cabaña que era la más chula del planeta Tierra, claro que sí, y que nadie se atreviera a discutírselo a ella. Actualmente, con cuatro habitaciones era un poco grande para ella sola, pero nunca se sabe, tal vez algún día pudieran corretear por los alrededores media docena de bebés, vayan los ángeles a saber.

Ah, claro. Pipa también contaba con los tres amigos de Verín. Con Kano, Bámel y Naca, que era así como la princesa los nombraba. No se sabía cuál era el motivo, pero siempre lo hacía por ese mismo orden. A los tres, ella los había conocido en Verín, en su biblioteca municipal, aunque no sabía si eran nativos o no de esa villa. De hecho no sabía casi nada de ellos. Desde muy pocos días antes del adiós a la abuela, la nieta no había vuelto a saber nada de sus amigos.

Diez minutos después, mientras la princesa pasaba su mano por encima del lomo de sus dos gatitas, se dijo así misma.

—Ya es hora de que contacte con mis amigos. Seguro que me han llamado al móvil y que tengo un montón de mensajes suyos, pero dado que aquí abajo no tengo cobertura y que al chopo no he vuelto a subir, pues no me he enterado. Vamos allá.

Se encaramó por el tronco del chopo hasta que alcanzó aquella base, la que en su día construyera, precisamente, con esos amigos y para tal fin, donde había cobertura y se podía sentar en forma bastante más cómoda. En efecto, el dispositivo móvil comenzó a notificarle hasta doce llamadas perdidas, veinticuatro mensajes de texto y siete mensajes de audio. Llamó dos veces al móvil de Kano, pero el resultado fue que aquel dispositivo estaba apagado o fuera de cobertura. También marcó, inmediatamente después, el número de Bámel, con mismo resultado. Incluso lo intentó a través del móvil de Naca, pero nada, la respuesta siempre era la misma.

—¿Dónde andan estos bandoleros? Es verdad, yo me olvidé un poco de ellos, pero ahora no contesta nadie. —Así, un poco afligida, se mostraba, Pipa. —A ver que dicen sus mensajes.

Pues decían un poco lo mismo. Eran todos del viernes pasado. Que al día siguiente, sábado, se irían en tren a la playa de La Lanzada. Que se fuera con ellos. Claro, ya no podía ser. El sábado ese ya se había ido hacía tres días. La princesa se sentía un poco mal, porque no les había dicho ni palabra sobre el adiós de su abuela.

—Jo, seguro que habrían venido a verme. Y ahora tampoco puedo decírselo, porque nadie me escucha. —así se quejaba, Pipa, de su mala suerte.

No esperó más, les hizo un silbido a los perros para que la siguieran y se fue al cerro Los Lagartos, esperando que allí se produjera algún milagro y alguno de ellos le contestara a su teléfono. No fue así, los milagros suceden pocas veces. Les puso varios mensajes, pero estos no eran recibidos. Nada, como si se hubieran ido a otro planeta.

—Si no reciben mis llamadas ni mis mensajes, ¿para qué me sirve este trasto de móvil? Y encima se está quedando sin batería. ¡Lo tiraría al río!

Pero no, se contuvo. Ella y los dos mastines regresaron a la Guleta. Se dijo que mañana tendría que hacer tres cosas: ir a Verín a entregar la leche que ordeñaría este anochecer; que recargaría la batería de su móvil en la biblioteca; y, que buscaría a sus amigos, a quienes tendría que decirles lo de su abuela y que, tras ello, ya se sentiría mejor.

Mientras tanto y hasta que llegara el día de mañana, se tumbó nuevamente sobre la hamaca arcoíris, se deslizó sobre su lado izquierdo y cerró los ojos. Estuvo algún tiempo en aquella posición. Cuando abrió sus ojos... la vio. Allí estaba. Imperial. La había visto otras veces, pero esta vez era diferente. Bueno, seguramente no, pero la chica observó cosas que antes no había visto.

—¿Cómo es posible? Oímos, pero no escuchamos; vemos, pero no observamos —así de sorprendida, de boquiabierta estaba la chica.

Había estado viéndola cientos de veces. Seguramente no había cambiado nada, puesto que estas cosas no cambian del domingo al lunes. ¿Entonces? Pues algún detalle había cambiado. Puede que la inclinación y ángulo con el que en este momento ella la observaba fuera algo distinto del de otras veces anteriores, por eso ahora estaba viendo la grandiosidad que antes no había visto. O puede que fueran los rayos de la luz del sol que según como incidían sobre esa grandeza posibilitaran la visión de un conjunto de peñascos viejos y resquebrajados, que era lo que la gente veía, o, como ahora mismo estaba disfrutando la nieta, un fenómeno ancestral e inmensamente espectacular.

Sí señor, los ojos de la princesa, Pipa, que habían sido enseñados por la reina Alicia, no solo a mirar, sino también a observar, le estaban enviando a su cerebro las imágenes que hasta ahora solo ella había podido ver. ¿Qué contenían esas imágenes? La efigie deliciosa de un príncipe fenicio, esculpida en la cara norte de una de las tres rocas majestuosas que los nativos conocían con el nombre de «As Falcoeiras».

Aquella capacidad para observar no era cuestión de magia; la nieta era maja, pero no era maga. Tampoco se trataba de videncia; la princesa Pipa no era vidente, como tampoco lo era la reina Alicia, a quien habían acusado de casi todo, desde meiga, pasando por tramposa y llegando a descarriada. Nada de eso, esta era mucho más sensata y razonable que la inmensa mayoría de las féminas de su tiempo. Tenía una amante a la que siempre respetó: la naturaleza.

En ese mismo sentido, su nieta y princesa, sin título, ni dinero, ni poder, era mucho más princesa que las otras, porque era capaz de observar y percibir lo que casi ninguna otra podía.

La princesa del palacio La Guleta, un palacete construido con ramas y juncos se quedó observando, gozando la maravilla sin igual, la efigie más real y auténtica del planeta Tierra. Así estuvo media hora, y estaría medio día, medio mes. No era de extrañar. Pipa solo contaba con catorce años, pero la belleza de aquella efigie fenicia, representando el rostro angelical de un príncipe, de un chico de unos quince años, lleno de vida y empuje, lo embrujaba y perfumaba todo, la dejaba un tanto hipnotizada. Pero... ¿a quién representaba aquella efigie? Aquel rostro enigmático, misterioso, ¿a quién pertenecía? Pipa se mantuvo largos minutos preguntándose:

—¿Quién es? ¿A quién se me parece? Esa nariz... ¿la he visto antes?

Ella debía ser responsable. En Verín esperaban la leche de sus ovejas. No podía fallarles. A una persona mayor le aguantarían algún fallo, algún día que hubiera habido un contratiempo y no entregase esos garrafones de leche, pero a ella, a una chica, a una niña como alguna veterana pensaba, no se lo perdonarían ninguna.

A primera hora estaba en Verín. Por suerte, aquel bus que bajaba de Vilar de Cervos era fiable. Bueno, el bus era fiable en funcionamiento, aunque, en puntualidad, el fiable era su conductor, con el que Pipa tenía buen trato.

Entregó la leche, recogió su dinerito y se fue a la biblioteca. Puso a cargar la batería de su móvil, que por haberse quedado a cero ya se había desconectado. Dio una vuelta por la planta segunda de aquella biblioteca, sin perder de vista su dispositivo móvil, que era baratillo, pero era el regalo de sus amigos y para ella era importantísimo.

A esos amigos intentó localizar. No los avistó en ningún rincón. Desconectó su móvil de la carga y se lo metió al bolsillo. Bajó a la planta baja. A la coordinadora del servicio público le preguntó por ellos.

—Pues, a ver. Hoy es miércoles. Vinieron el pasado viernes, porque consta que Bámel se llevó un libro en préstamo, pero no he vuelto a verlos por aquí. No sé, chica.

Pipa comenzó a preocuparse. Regresó a la primera planta, conectó nuevamente su móvil para que completara su carga y, como desde la biblioteca no podía hablar por teléfono, puso un mensaje a Kano y otro a Bámel, con los cuales preguntaba lo mismo.

«Chicos, ¿dónde andáis?».

Los envió. Esperó un rato mirando los lomos de los libros de la estantería dedicada a la novela histórica. Volvió a los mensajes y comprobó que los mismos habían sido enviados, pero no recibidos, como si los móviles se hubieran ahogado.

Cuando el móvil completó su carga, lo recogió y salió a la calle. Marcó el número de Kano. Nada, la respuesta seguía siendo de dispositivo apagado o fuera de cobertura. Marcó el número de los otros dos amigos, cuya respuesta fue idéntica.

Se marchó caminando por toda la avenida de Portugal hasta alcanzar las piscinas municipales. Le preguntó por ellos a la señora de control de la entrada, pues en un pueblo se conocen todos. Su respuesta fue que no los había visto desde el viernes por la tarde. En todo caso, la señora le permitió a Pipa que entrara y diera una vuelta por si aquella se hubiera despistado. No los encontró.

Regresó caminando hacia el centro de Verín, donde estaba la estación de autobuses. Empezaba a estar preocupada de verdad. Iba pensando.

«A ver. El viernes estuvieron en la biblioteca. También fueron a la piscina. Ese mismo día me llamaron a mi para que fuera con ellos a la playa de La Lanzada. Vale, eso fue lo último, y ya está, han desaparecido. ¿Dónde se han metido?

Dado que disponía de tiempo hasta que saliera el bus para volver a la cabaña, se dio una vuelta por la plaza García Barbón y por el parque de la Alameda. No los encontró. Después se pasó, antes de irse a la estación de autobuses, por delante del bar Meigallo y del polideportivo. Nada, se los había tragado la tierra. Después, mal pensó.

«A lo peor, se los ha tragado el mar».

Pues, era poco probable, pero sí posible, puesto que desde el sábado que se suponía que habían ido a la playa, no había rastro de ninguno.

Pipa regresó, tenía que regresar, a su cabaña. De nuevo se tumbó en la hamaca arcoíris, la cual era su parada favorita. Por segunda vez observó las rocas de As Falcoeiras y se quedó nuevamente prendada de la efigie esculpida en su roca central. Aquella maravilla se había convertido en un icono en su memoria. Todo el mundo de por allí daba señales de las tres rocas, pero nadie, nadie, ni siquiera la profesora Alicia, había dicho nunca nada de la hermosa representación del rostro masculino, de aquella gran efigie fenicia que, inexplicablemente, nadie conocía. ¿Cómo era posible? ¿A la profesora Alicia, habiendo vivido aquí, delante de ella, durante quince años, se le había pasado desapercibida, así, sin más?

La propia abuela le había comentado a la nieta que las personas mayores contaban que sus antepasados daban razones de que, desde muchas partes del valle de Monterrey, se podían contemplar tres rocas grandiosas, las cuales, majestuosamente, se alzaban más de medio kilómetro desde la base. La roca central tenía en su cumbre algo misterioso, como si reflejara un Dios muy antiguo. Pero nadie sabía ni había comentado nada más. Pipa pensó:

«Igual lo sabía todo el mundo y la única que no lo sabía era yo. ¿Por qué nadie me lo dijo? ¿Para que la descubriera yo misma?».

Pipa regresó a un pensamiento más práctico. Por el hecho de haber estado esta mañana en la biblioteca de Verín, en aquel momento se le vino a la cabeza la continuidad en sus estudios, en lo que hasta ahora no había pensado. Su abuela y profesora ya no estaba con ella. ¿Qué haría en adelante para seguir aprendiendo, para seguir con su formación?

Por otra parte, ella ya estaba realmente preocupada. En un momento de debilidad llegó a pensar que si los cuervos, que tan mala fama tenían, pretendían picotearle sus ojos. Pero, no, se olvidó de esto último. Era cierto, no obstante, que por el hecho de vivir allí arriba no conocía a mucha gente, o al menos, no en forma profunda como conocía a la abuela y a sus tres amigos. Pero, como si se hubieran puesto de acuerdo, la abuela se había marchado y los amigos habían desaparecido. ¿Qué rayos estaba pasando? ¿Era un mal de ojo de una bruja? ¿Era un conjuro de una meiga?

10   SU APELLIDO

Pipa seguía en la Guleta. Era su cabaña. Era su hogar. Ni podía ni quería irse a ninguna otra parte. Cuando tenía tres añitos se vino de la mano de su abuela desde Mourazos a la Guleta. Habían pasado unos nueve años desde aquello. Ella no conocía otra cosa ni le entusiasmaba conocerla. Ahora, transcurridas casi cuatro semanas desde que se quedara sola, no había olvidado a su abuela del alma. Nunca la olvidaría, pero inevitablemente, tenía que ir aprendiendo a apañárselas por ella misma, pues no podía defraudar a la profesora Alicia. Aprovechaba la compañía de sus diez ovejitas, sus dos gatitas y sus dos perritos. Tampoco se olvidaba de sus tres amigos de Verín, de quienes no había vuelto a saber absolutamente nada.

Una mañana estaba recogiendo leña al lado de la pista forestal que enlazaba Vilar de Cervos con Mourazos y, siguiendo ya la carretera nacional, con Verín. Ella todavía no cantaba de contenta, pero ya conseguía estar un poco más animada.

Llevaba un manojo de tronquillos entre sus brazos. Pisó encima de una piedra enemiga, resbaló y se cayó de bruces sobre las piedras. Pudo soltar los troncos y apoyar sus manos delante para no partirse la cara contra la roca, pero eso le costó un pinchazo en el tobillo de su pie izquierdo que la dejó tiritando. Consiguió levantarse y sentarse un rato. El dolor era mucho, sobre todo cuando intentaba moverse. Con muchas penas y tardanzas, ella consiguió situarse en la cuneta de la pista forestal. Allí se sentó con la esperanza de que el dolor fuera a menos. Pues no. Por el contrario, el tobillo algo comenzó a hinchársele, En aquellos momentos vino el autobús con dirección a Verín. Al verla, el conductor del mismo lo detuvo en la creencia de que la chica lo estaba esperando. Suerte de eso. Viendo que casi no podía apoyar el pie en el suelo, el conductor se bajó, la ayudó a subir y a sentarse y, sin muchas preguntas, a Verín se fueron.

El chofer del autobús, que no era la primera vez que había tenido que auxiliar a más de un usuario, tal como a una mujer que se había puesto de parto, dejó al resto de pasajeros en la estación de autobuses y la llevó al hospital de Verín.

Se plantearon algunos problemas en el mostrador de Admisiones del hospital, ya que Pipa no llevaba con ella ningún documento ni tarjeta de seguridad social alguna. El conductor del autobús habló con la asistente social del hospital y ésta suavizó su postura. Acordaron que, de momento, la atenderían médicamente; después ya resolverían los trámites administrativos.

En su tiempo, el médico hizo su primer examen. Le administró un pequeño calmante y le practicaron una radiografía. Dado que la cosa no estaba nada clara, le hicieron una resonancia magnética, la cual sí que contribuyó al diagnóstico médico: un esguince de tobillo grado I, un poco severo.

—¿Qué es un esguince? —preguntó la paciente un tanto preocupada, debido a su hinchazón y a su inexperiencia.

La doctora le explicó que un esguince de tobillo era el estiramiento, con mayor o menor desgarro, de alguno de los ligamentos del mismo. En su caso, el ligamento calcáneo estaba estirado y un punto, puede que dos, desgarrado. Que no era grave y, con su edad, se recuperaría pronto. Le incorporó una venda de compresión, que esperaba fuera suficiente. Que se aplicara hielo y, por si le molestara mucho, se tomara tres días una pastillita con algo de antiinflamatorio y de calmante por las mañanas y por las noches. Lo normal sería que no tuviera que volver al hospital. Como recomendación le dijeron que debía dejar descansar el tobillo por unos días y que, en estos primeros, no estaría demás que se apoyara en una muleta.

Ya estando en la sala de espera del hospital, un hombre con perilla, de unos cincuenta años, se sentó cerca de ella, dejando un asiento vacío en medio. Este hombre vestía bien, con chaqueta elegante, camisa blanca nueva, pantalón bien planchado y zapatos limpios y brillantes.

En ese tiempo, hasta Pipa se acercó una administrativa del departamento de admisiones del hospital. Esta le hizo preguntas por algún tipo de documento, como Documento Nacional de Identidad, Libro de Familia, alguna tarjeta de la Seguridad Social de los padres, o así. Pipa comenzó contestando cortésmente, pero poco a poco se fue enfadando.

—Pues no, no tengo nada. —Repetía, Pipa. —Ni el Documento Nacional ese, ni el Familiar, ni tarjeta Segura, nada. No los necesito.

—Bueno, chica, puede que tú no los necesites, pero yo sí, porque tu atención médica debe quedar registrada y tiene que efectuarse el cargo económico a donde corresponda — así, con cara de tener un problema, se expresaba la administrativa.

Dado que la paciente había mirado hacia otro lado, como pensando que ese era su problema, la administrativa volvió a preguntar.

—Eh, ¿con qué pariente has venido tú aquí?

—¿Pariente? No tengo parientes. Me ha traído el chofer del autobús —replicó, Pipa, como si estuviera distraída.

—Vamos a ver, chica, ¿cuál es tu nombre? —Ya algo descontrolada preguntaba la administrativa del hospital.

—Pipa —así de seca contestó la paciente.

—Pipa, vale, ¿qué más? —Comenzó a escribir en una libreta la empleada del hospital.

—¿Qué más? Ya está, yo no soy de la realeza, solo tengo un nombre —seguía la paciente dando muestras de vacile inconsciente.

—A ver, Pipa, este es tu nombre, ¿y tus apellidos? —Ya estaba la administrativa un tanto alterada.

—No tengo. Tengo un nombre y me basta. ¿Para qué quiero apellidos? —Ahora, Pipa, miraba a su interlocutora con semblante algo desafiante.

113

La administrativa se levantó de mal humor y dijo antes de marcharse.

—Bueno, ya vendrá quien tenga que venir.

El hombre con perilla y bien vestido sentado cerca de Pipa, que había seguido las preguntas y respuestas con mucho interés, se dijo para sí que «esta chiquilla es capaz de torear a cualquiera», por eso le preguntó con cierto grado de buen humor, para hacer amigos.

—¿Qué tal va ese tobillo, Pipa?

—No hablo con extraños —ahí se quedó la respuesta de la chica.

—Bien hecho. Pero, yo no soy un extraño, soy el alcalde de Verín. Me llamo Arturo. Mis apellidos no te los digo porque ya he visto que no los necesitas ni te importan —un tanto graciosillo se había presentado el alcalde.

—¿Y tú que quieres? Chico sin apellidos. ¿Otro papel? —Prosiguió con el vacile, Pipa.

—Pues... no. —Respondía al alcalde con una sonrisa, con la intención de pasar al ataque —El ayuntamiento «mío» no tiene nada que ver aquí en este hospital. Ah, y gracias por lo de chico, aunque yo soy el alcalde, soy autoridad y me debes cierto respeto, ¿sabes?

—No sé qué hace un alcalde, ni si el ayuntamiento es «tuyo». Eso no me importa, pero fuiste tú con la primera pregunta quien no me trató de usted. Por tanto, hasta que no me trates a mí de usted, yo tampoco.

El alcalde se rascó disimuladamente su cabeza y se confirmó a sí mismo.

«Sí, señor, a esta chica no hay quien la pare».

En ese tiempo, se acercó la asistente social del hospital. Se sentó en el asiento entre Pipa y el alcalde. Primero miró a este, expresando con calma.

—¿Qué tal, señor Alcalde? ¿Espera usted visita médica?

—No, no, estoy esperando a un amigo que está dentro.

Acto seguido miró a la chica, proyectando la misma calma, pero era más bien fingida.

—Pipa, tenemos un problema. Espero que me ayudes a resolverlo. Que tu necesites o no apellidos es asunto personal tuyo, pero el sistema nos pide un apellido, al menos, para darte de alta y arreglar el coste de tu asistencia médica. ¿Qué apellido pongo, Pipa?

Pipa nunca tuvo conciencia de los apellidos de sus padres ni nunca se había interesado por ellos. Su abuela se los había dicho algunas veces, pero pasó literalmente de los mismos. Ahora estaba en una situación, al menos, incómoda. Así que pensó:

«Si mi nombre es Pipa, que es el nombre de la cabaña pequeña, mi apellido puede ser Guleta, que es como se llama la cabaña grande. Ya está. ¿Quieren un apellido? Pues este es muy chulo: Guleta».

Como si tuviera cincuenta años, se dirigió a la asistente social y le sermoneó.

—Apunta. Mi nombre es Pipa. Mi apellido es Guleta. ¿No te quejarás? A ver si cuando te pida yo algo no me dices que no. —ahí quedaba eso. Ahí estaban los catorce años de la chica, como para intentar reírse de ella.

Mientras aquello transcurría, el alcalde, a través de «su» ayuntamiento, localizó al conductor del autobús y le hizo varias preguntas. Este le contestó lo que sabía, que antes la chica vivía con la abuela, pero ahora ya había transcurrido más de un mes sin haberla visto. Le añadió que la chica se apañaba muy bien, porque sabía cuidarse, sobre todo con sus dos mastines, uf, como para asomarse; lo de hoy seguramente habría sido un simple accidente.

—Vale, Pipa, de nombre; Guleta, de apellido. —Hablaba la asistente social algo más relajada. —Con un solo apellido me vale, ahora ya puedo registrarte, pero ¿quién paga el coste de tu asistencia hospitalaria?

En eso, el alcalde carraspeó un poco, como pidiendo paso para intervenir. E intervino. Se sentía autoridad.

—Bueno, el consistorio tiene una partida asignada para asuntos sociales, donde podría encajar este gasto, así que yo puedo hacer que el *concello* (ayuntamiento) pague el coste y que esto se olvide.

Aquella buena obra hizo que la tormenta diera paso al buen tiempo. Pipa intuía que si aquello del coste no se arreglaba podía tener consecuencias secundarias, de forma que se propuso comportarse un poco menos afilada. El alcalde se interesó por como era su vida en la cabaña. Ella contestó según creyó que le convenía, pues nunca olvidaba una afirmación de la abuela: «no todo el mundo es bueno». No obstante, Pipa no era una déspota. Ella todavía no había tenido tiempo de aprender eso, así que, tras convencerse de que el alcalde no era un delincuente, se fue entablando una relación más distendida.

Sonó el móvil de Pipa. Cuando esta fue a contestar, ya habían colgado, así que pasó de la llamada.

—Oye, veo que tienes móvil. —Se atrevió con la pregunta el alcalde. —Allá arriba no llega la luz eléctrica. ¿Cómo cargas su batería?

—Pues, por aquí... como puedo. Seguro que tú podrías regalarme algún generador, aunque fuera de tercera mano, para producir energía eléctrica para mí —esta era Pipa, Pipa Guleta, con la sangre de la abuela Alicia y de sus antepasados.

El alcalde sonrió de nuevo y pensó: «ya ha vuelto a pillarme, pero me cae bien. Lo que invierta en esta chica seguro que me proporciona réditos electorales».

El alcalde se levantó, se fue hacia un lado poco concurrido y sacó su móvil. Luego llamó telefónicamente a uno de sus ayudantes y le preguntó si había algún generador de energía eléctrica que pudiera entregarse fuera de la contabilidad oficial, que funcionara con la fuerza del agua de un río. El ayudante le dijo que sí había generadores de gasoil, pero que estaban bajo inventario. Lo único que les quedaba era una turbina procedente de un embargo, que ya estaba lista para llevarla al desguace y, por tanto, sin coste alguno. Esta se podría adaptar y hacer funcionar aprovechando la fuerza de la corriente del agua para mover la turbina y generar una cierta potencia de electricidad.

El alcalde se sentó de nuevo, miró a la chica y le ofreció como si de un regalo celestial se tratara.

—Creo que puedo hacerte llegar a la Guleta un generador que podría adaptarse. Se trata de una turbina que necesitaría una estructura para situarla sobre el río, colocarle unas hélices y que la corriente del agua la hiciera funcionar. Tal vez podría cubrir tus necesidades de corriente eléctrica en la cabaña.

—¿Y esa estructura qué dices es muy difícil de hacer? —Preguntaba, Pipa, muy interesada.

—No lo sé, yo no soy técnico en eso. El experto dice que alguien que tenga un poco de idea podría adaptar el generador y hacerlo funcionar. Además, lo bueno es que no necesita ningún tipo de combustible, ya que funcionaría como un molino de los de antes, es decir, solo necesita que haya corriente de agua que empuje las hélices para que la turbina funcione y genere electricidad.

Pipa no saltaba porque su tobillo no se lo permitía, pero estaba tan contenta que casi le da un abrazo al alcalde. Sí, sí, a ese a quien poquito antes lo pretendía vacilar. Así son los humanos, y Pipa también era humana.

—Me dices dónde está tu cabaña y mañana, un transporte del *Concello* te llevará el generador hasta tu casa. Además, te llevará dos rollos grandes de cable que tenemos para desguazar, el cual lo necesitarás para la instalación de transportar la corriente eléctrica desde la turbina hasta la cabaña. Te lo dejarán donde tú les digas. Recíbelos pronto, que esos transportistas van muy apurados y no pueden esperan mucho. —Prometía el alcalde con una amplia sonrisa de satisfacción.

Se despidieron. Lo hicieron en forma cordial, pues el alcalde se había portado muy bien con el gasto sanitario y el generador eléctrico. Con esto, la opinión de Pipa respecto de los políticos, que era su opinión, había cambiado un poco, aunque seguía siendo dura.

Llegó a su cabaña apoyada en una muleta que le dejaron en el hospital. Ella creía que no la necesitaba, pero la llevaba por la insistencia de la asistente social.

Estaba sentada en un tronco de madera a la entrada de la cabaña. Oyo llegar el transporte y llamó a los mastines, quienes se situaron uno a cada lado de ella. Dejaron el generador, más grande de lo que ella había imaginado, incluidos dos rollos de cable, de tres cientos metros cada uno, lo que le pareció una exageración. Al transportista lo invitó a un vaso de leche o de agua, pues no había otra cosa; el hombre agradeció con una sonrisa, pero no quiso, dio las gracias y se marchó.

Ella pensó con alegría, manteniendo las expectativas. Bueno, también por el interés, pero podían las ilusiones.

«Uf, si pudiera hacer funcionar el generador y tener un poco de energía, aunque solo fuera un poco, para cargar el móvil y para una bombilla en el interior de la cabaña, jo, sería lo más grande para mí, más que si me encontrara un billete de lotería premiado con... medio millón de euros».

11 LOS MASTINES

Pipa Guleta, la heredera del imperio de la reina Alicia, había recuperado satisfactoriamente su tobillo. Ahora mismo se encontraba tumbada sobre la hamaca arcoíris, aquella que ya hacía algún tiempo instalara la abuela a la entrada de la cabaña. Esa hamaca era especial, proyectaba una energía sobrenatural sobre la cabaña, con vistas y sueños especiales y espaciales, por eso la abuela la echaría tanto en falta, tanto que seguramente se la hubiera llevado consigo si hubiera podido llevarse algo.

La chica, apoyada sobre su costado izquierdo, volvió a observar la efigie esculpida sobre la roca central de As Falcoeiras. Aquella era la imagen de un Dios poderoso y encantador, tanto que ella se estaba convenciendo que aquel rostro fascinante lo había visto antes en persona. Lo observaba cada vez que en la hamaca se tumbaba. Era su debilidad.

Después de un largo rato con los ojos cerrados, para retener su imagen en la retina y en su cerebro, se giró y se tumbó sobre su costado derecho. Volvió a abrir sus ojos y se encontró con la estela serpenteante de un cometa moviéndose en forma de eses, generando ondulaciones de arriba abajo, de derecha a izquierda. Era espectacular. El sol estaba muy cerca de ocultarse detrás de la sierra del Larouco. Esos rayos solares inclinados le inyectaban un plus de brillantez, de singularidad, de fascinación.

Pipa volvió a la tierra, a la realidad. Lo que estaban viendo sus ojos no era producto de una alucinación, no, en absoluto, ella estaba muy serena, pues solo había tomado leche de la buena. En la cabaña nunca había habido ningún tipo de producto herbario o químico que produjera alucinaciones, pues la abuela Alicia nunca lo habría permitido ni ella ahora lo aceptaba.

Y, entonces, ¿qué era? ¿Estaba encantada su cabaña? Bueno, las ilusiones forman parte de la esencia de los humanos. Una persona sin ilusiones está medio hundida, pero lo que veía y disfrutaba, Pipa, desde su hamaca no era nada irreal, nada ilusorio, sino que era la estela que dejaba el discurrir de la pista forestal desde Vilar de Cervos hasta Mourazos, cuyo recorrido quedaba dibujado a través de las laderas y vaguadas de los montes y bosques. Esa estela, vista al final del atardecer, se amplificaba por la influencia de los rayos solares que oblicuamente se dejaban ver sobre la superficie de la tierra color vainilla, la cual resaltaba enormemente en medio de la alfombra verde que formaba la vegetación en la zona.

Pipa, aunque tenía algunas referencias de oído, no había estado nunca en la Quinta Avenida de New York, ni en otros lugares muy venerados por las gentes actuales. Sin embargo, la visión estelar vivida y apreciada por ella sobre aquella pista forestal al atardecer era lo más impresionante para ella y, también, para todo aquel que tuviera un espíritu sensible.

Se giró en la hamaca mirando hacia el cielo. No había humos negros, ni blancos, ni grises. Había el firmamento azul, lejano e infinito, que alcanzaba hasta donde la imaginación de cada cual quisiera alcanzar.

—Por dónde estará mi mami, que no la conocí. Como me gustaría hablar con ella —eso susurró, Pipa, en medio del firmamento.

Regresó a su costado derecho. Resiguió con su mirada el rastro de aquella pista forestal desde Mourazos hasta Vilar de Cervos. Tras la curva que rodeaba un pequeño cerro, la mirada se le quedó enganchada en algo sobrenatural, en una carreta, a camino entre un biga romano y una calesa andaluza, que tirada por dos yeguas subía lanzada por la pista hacia Vilar de Cervos. La calesa dejaba una estela de polvo detrás de sí, como si a la propia época romana regresáramos. Las yeguas eran preciosas, seguro que gemelas, ambas de pelo negro, con un ribete blanco justo entre las dos orejas que las hacía confundibles. El carruaje tenía dos ejes y cuatro ruedas. En la parte posterior se contenía un asiento muy cómodo para dos personas, incluso tres, aunque en este viaje iba vacío. Este asiento estaba cubierto por una capota de lona negra para protegerse de la lluvia de invierno o del sol del verano, detrás del cual aparecía una especie de maletero grande para transportar un buen número de bolsas y cajas para el servicio doméstico. Por delante se podía ver un asiento para una persona que hacía las veces de conductor del vehículo.

Y así era, aquel carruaje era real, nada de imaginario. Era el vehículo de Contodo, el conductor que se desplazaba a días alternos desde Verín a Vilar de Cervos, cruzaba Mourazos y pasaba casi por delante de la cabaña la Guleta. Pipa lo había contemplado alguna otra vez, y aunque todavía no había podido disfrutar de tal impresionante viaje, pronto lo haría. En todo caso, aquel era un viaje único, como de otra época. Poder subirse a aquella calesa y desplazarse por todo aquel recorrido de la pista forestal, uf, embriagaba los sentidos.

Pipa descendió de su hamaca. Recordó que debía dar algún complemento de comida a sus dos perros. Cerca de cada uno y por separado puso una lata con comida. Los dos perros se llevaban muy bien, sobre todo cuando había que defender una causa común, pero cuando se trataba de llenar el estómago no había comunidad, puesto que no permitían colaboración alguna.

Mientras devoraban y lamían el contenido de la lata, Pipa los repasaba desde el hocico hasta la cola. Los dos eran machos, de raza mastín español. Su peso era parecido, cerca de los cien kilos. Pudiera parecer por su volumen, por una altura de ochenta y cinco centímetros, que carecían de agilidad, pero nada de eso, eran capaces de entrar por agujeros donde no entrarían otros bastante menores. Eran guardianes de ganado por naturaleza, si bien su lealtad era tal que guardarían a su dueño hasta con su propia piel y sangre.

Pipa estaba segura con estos dos mastines. La defenderían día y noche, con su vida. A uno de ellos le llamaba, Coyote. Al otro, Cinturón. Coyote, porque tenía cara y hocico de jefe indio, con muy malas intenciones con los ofensores y con muy buena cara con los ofendidos. Cinturón, porque este tenía una franja de color marrón obscuro que rodeaba su cintura a modo de cinturón. Este era menos impulsivo que Coyote, pero cuando agarraba una presa ofensora solo la soltaba si la jefa, Pipa, lo ordenaba.

Un atardecer de aquellos, la dueña todavía no había regresado de Verín. Ella dependía del único transporte que había, por eso no podía regresar cuando quería. Cinturón comenzó a levantar su cabeza y a olfatear el horizonte. Coyote lo siguió poco después. Ambos guardianes de la cabaña se pusieron en alerta. Tras poco tiempo, entre dos zarzales comenzaron a verse tres jabalíes adultos. Casi detrás aparecieron otros cinco. Luego, asomaron cuatro animalitos, dos jóvenes y otros dos crías pequeñas. Los jabalíes también habían detectado la presencia de los perros, así como de las ovejas, y aunque estas no entraban en su menú preferente, cuando el hambre apretaba y las crías reclamaban, todo era posible en bichos carroñeros. Los invasores más bien buscaban patatas, castañas y alimentos parecidos que hubiera en la cabaña, pero esa forma de robar lo ajeno no era entendida por los mastines.

Coyote y Cinturón clavaron las uñas de sus cuatro patas en el suelo, para que el arranque fuera más potente. Los jabalíes eran muchos, pero desconocían donde se metían, con quién se jugaban su salud.

El carnero, como jefe del rebaño de las ovejas, reunió a las suyas en una esquina del cercado y se quedaron expectantes, esperando acontecimientos, puesto que tampoco podían salir a la lucha, eso habría sido un suicidio.

Las dos gatitas levantaron la cola y cada una eligió su árbol favorito. Se encaramaron rápidamente en la primera capa de ramas de los chopos que soportaban la hamaca arcoíris y, por si acaso, allí se quedaron resoplando.

Los dos mastines, sin pedirse consejo, salieron al centro del cercado, marcando territorio, para que su poderío fuese valorado. Su cara era de ofendidos y sus ojos no expresaban amistad.

Cuatro jabalíes se detuvieron en seco. Su piel y pelos se erizaron. Los otros se pararon con prisa y comenzaron a retroceder, denotando que la merienda por aquella zona podría ser muy peligrosa.

Metidos en aquella batalla de invasión y defensa, arribó la jefa, Pipa. En cuanto ella hizo un mínimo reconocimiento de la situación, dio dos gritos de guerra y palmeó sus manos todo lo que pudo. Lo hizo con tanta fuerza que aunque en la ayuda solo había llegado una chica de catorce años, por los alrededores pareció que fuera una docena, con lanzas y palancas.

El efecto exagerado hizo que los jabalíes dieran media vuelta y comenzaran la retirada urgente. Los mastines envalentonados por la ayuda en tropel se lanzaron en busca de capturas.

Pipa no pretendía ninguna carnicería ni nada parecido, sino tan solo un escarmiento con aviso serio de represalias grandes si los invasores volvían a asomarse por aquellos dominios. Llamó a los perros, pero cuando estos regresaron a la llamada de su dueña, dos de los jabalíes se fueron con problemas importantes para mantener apoyadas sus patas traseras. Y suerte tuvieron con la llegada de la jefa, ya que, aunque Coyote pudo haber sufrido daños considerables por el colmillo del jefe de los jabalíes, este no podría volver a acercarse por la cabaña en muchos meses, si es que se atrevía.

Las gatitas se arrimaron a Pipa. Las ovejas se calmaron. Los mastines estaban orgullosos. Estaban ilesos y le habían dado una buena zurra a los jabalíes invasores. Sin embargo, la jefa les metió más de media bronca. Les recriminó, como si pudieran entenderla. No podían, aunque ella un tanto creía que algo sí.

—¿Qué pretendíais? ¿Comer a los jabalíes? Y tú, Coyote, tienes que ser menos furia y un poco más inteligente. El Jabalí grande pudo abrirte la barriga hasta arriba con aquel colmillo de elefante. Voy a tener que atarte, tonto.

Había vuelto la calma a Palacio. A parte de la regañina a los dos mastines, Pipa sabía que ellos eran su garantía y tranquilidad. Eso hizo que, al final del día y cuando sobrevoló la noche, la jefa hiciera una valoración más realista del comportamiento de sus perros, de sus compañeros, y acabara dándoles un premio que ella se había subido de la carnicería de Verín. Eran dos huesos de buey, uno para cada uno de ellos, de cerca de medio metro de largo cada uno. Cinturón y Coyote eran inteligentes, en su medida. Lo cierto era que la comida era el mejor premio, el que mejor ellos entendían.

Pipa seguía sola, al menos en el ámbito personal. Podía hablar con sus amigos de cuatro patas, pero no era lo mismo. Sus tres amigos de Verín no habían vuelto a dar señales de vida, y ella no podía hacer nada.

En pleno verano, se llevó a dar un paseo a Coyote y a sus dos gatitas, aunque Brisa andaba bastante acatarrada.

Las ovejas quedaban rumiando dentro del cercado de la cabaña, cerca del río, que era donde más hierba fresca crecía. A su cuidado y defensa quedó Cinturón, el mejor de todos.

Ella quería investigar la parte oeste del Reguero de Sandín, parte que prácticamente no conocía. Pasó por detrás de las tres rocas de As Falcoeiras. Quiso asomarse para ver la efigie fascinante desde arriba, pero, afortunadamente, desistió. Por su altura, era muy peligroso. Un poco más arriba se encontró con una zona de secano, casi sin vegetación. Hacía ya un calor infernal. Las dos gatas se estiraron sobre una pequeña roca y se pusieron a tomar el sol, era buen momento para hacer una siesta. De repente, Abril comenzó a mover su cabeza y ojos en busca de algo. Brisa, cuyo olfato debía estar muy diezmado por sufrir un proceso de constipado, no reaccionó y se quedó como adormilada. Coyote se puso tenso. Se oyó un silbido muy fino y sibilino. Pipa preguntó:

—¿Qué pasa, ...?

No acabó la jefa de formular su pregunta, cuando una serpiente hocicuda, con sus grandes colmillos afilados, se preparó para iniciar un salto y tragarse a la gatita dormida. Suerte que la víbora, de casi dos metros de largo, era bastante pesada y su agilidad era un tanto reducida. Además, Coyote, ayudando a la suerte, se encontraba agazapado a medio camino entre la gatita y la serpiente. Estas dos suertes hicieron que, el mastín, acostumbrado a la vigilancia, diera un salto poderoso y se interpusiera en el vuelo de la serpiente. Coyote esquivó con su pata delantera derecha la boca dilatada de la hocicuda, clavó sus colmillos feroces en el cuello de su enemiga y se fueron ambos rodando un par de metros. Las dos gatitas, la despierta y la dormida, saltaron hacia donde estaba su jefa y se colocaron detrás de ella. Pipa, viendo que la víbora pretendía enroscarse alrededor del cuerpo de Coyote, apuntó con un extremo de su garrote y se lo clavó en el cuerpo de la reptil hasta que bastante se lo traspasó. Esta se desenroscó rápidamente, algo así como declarándose vencida, derrotada.

Pipa defendía a sus gatas amigas, pero tampoco quería hacer leña del árbol caído. No quería ensañarse con la serpiente que, bien mirado, probablemente tenía sus razones para atacar, ya que habían sido ellos los intrusos, habían sido ellos los que se colaron en el territorio de la propia serpiente.

—Déjala, Coyote. Suéltala —ordeno, Pipa.

Coyote estaba tan enganchado en descuartizar a la enemiga, que no respondió a la voz de su dueña.

—¡Coyote! —Grito la chica indignada por no sentirse obedecida. —Vale ya. Déjala irse. Bastante maltrecha está. No intentará en su vida volver a comerse a una gata.

La serpiente hocicuda, aunque era osada, no tenía el poderío del mastín español. Este la hubiera partido en dos mitades. Lo evitó la jefa. Ese era el carácter de Pipa. Castigo por las malas acciones, sí, pero no desmedido, no desproporcionado.

El recorrido que hacía el autobús desde Verín hasta Vilar de Cervos y, más allá, hasta Vilardevós quedaba suspendido definitiva y desafortunadamente. Eran muy pocos los viajeros y, claro, nuevamente se había argumentado la excusa de la rentabilidad para dejar tiradas y sin servicio a las gentes que menos movilidad tenían. Sí, señor, viva la vida en la colmena y en la madriguera. Si no estás dentro del rebaño eres un bicho raro, un individualista; apáñatelas. Eso le pasaba a Pipa Guleta. Era un bicho raro.

Menos mal que un apasionado del servicio público decidió, por su cuenta, suplir el autobús por un servicio mucho más romántico, tal como era en otros tiempos, algo cercano a las diligencias del oeste americano. Y comenzó.

Dos días después, sobre las diez de la mañana, hora marcada como de paso, Pipa se sentó en una pequeña roca y esperó impaciente a que llegara el carruaje de Contodo.

Ella levantó el brazo a modo de indicación de parada. Contodo tiró de las riendas, las yeguas fueron frenando hasta que el vehículo se detuvo justo enfrente de ella. A Contodo se le oyó como en el lejano oeste, incluso, como en la más lejana época romana:

—¡Soooh, muchachas! Hoy tenemos que recoger a la princesa de estos bosques encantados.

Contodo, emulando a un caballero de la edad media, bajó enseguida de su puesto de mando, abrió la portezuela de

129

su calesa y, con una reverencia muchas veces practicada, le tendió su otro brazo a la princesa, Pipa, para ayudarla en su ascenso, al tiempo que la saludaba con una buena sonrisa.

—Buenos días, princesa Pipa. Es un honor compartir con su alteza este trayecto hasta Verín. Espero que le resulte cómodo.

Contodo cargó en la parte posterior una caja que estaba al lado de la chica, subió a su asiento de mando, dio un tirón de riendas y les dijo a sus compañeras de fatiga:

—¡Arreeh, muchachas! Vamos a Mourazos y, desde allí, a Verín.

Pipa, con una sonrisa de felicidad de medio metro, se había apoyado en el antebrazo de Contodo para subir con elegancia y sentarse en un lado del asiento destinado a viajeros. En el otro lado iba una señora vestida de negro. Ambas se dedicaron una sonrisa y se desearon buenos días. No era su príncipe azul que la acompañara durante el viaje, pero la señora no era chismosa y el recorrido, escudriñado por los ojos de la princesa desde una perspectiva diferente a la del autobús, fue agradable.

Pipa no vestía como una princesa oficial, de las de postín, sino que su vestido era más bien sobrio, pero la sonrisa y brillantez de sus ojos superaban a cualquier princesa que se preciara.

En Verín, Pipa le animó a Contodo para que le cobrara el viaje, incluido el de vuelta por la tarde, pero este le argumentó que no, que hoy sería gratis. La razón era que la dueña del establecimiento donde ella llevaba parte de sus productos, como setas, moras, miel y otros de temporada, era hermana de Contodo. Esta le había pedido a su hermano que, estando muy contenta con el servicio de la chica, de vez en cuando no le cobrara el viaje, que su establecimiento asumiría los importes.

Contodo, el conductor de ese vehículo un tanto singular, era un hombre cercano a los setenta años. De facciones apretadas, sin pelo por delante, pero con una buena coleta por detrás, siempre atada con un cordón de cuero. Era un tanto rudo, en la forma de vestir y en su lenguaje, pero era confiable y generoso.

Cuando ya cerca del anochecer, una vez la princesa Pipa había regresado a su cabaña, esta se dijo en su conciencia:

«Contodo es de fiar, lo sé. Él puede meter la pata, equivocarse como cualquiera, pero no te defraudará conscientemente».

La semana siguiente, dado que todo se mueve, Contodo cambió su transporte mediante la calesa tirada por yeguas, que era un medio romántico, bonito, pero del que las yeguas empezaban a estar cansadas, por un vehículo todoterreno. No era lo mismo, el viaje en carruaje era muy guay, claro que sí. Sin embargo, las necesidades de la vida van cambiando. Este todoterreno era un vehículo con motor y ruedas preparadas para circular por terrenos poco favorables, menos mal, porque la pista forestal a recorrer ofrecía pocos favores. Además, el nuevo vehículo podía transportar hasta seis personas, incluyendo su equipaje. Eso sí, el todoterreno era menos romántico, no era tan chulo como el carruaje, pero era mucho más rápido, menos a la intemperie y más seguro. En fin, viva el progreso.

Lo cierto es que cuatro días durante cada semana, por aquella pista de tierra bajaba aquel todoterreno de color verdoso apagado. La pista estaba muy mal para circular por ella, porque las lluvias habían provocado unos socavones para jugar en ellos al escondite y porque nadie había intentado arreglarlos un poco. El color verdoso del todoterreno se había descolorido por el intenso calor de los días de verano sufridos, así como por lo días de invierno tiritados. Pipa, tal como se había confesado con su conciencia, conocía que, Contodo, el conductor, era un hombre de muy poco pelo en su cabeza, lo cual se debía a que la misma contenía tanta bondad que no le quedaba espacio para el cabello.

En una ocasión, el conductor le preguntó a la princesa:

—¿Por qué me llamas Contodo?

—Porque eres el CONductor del TODOterreno, por tanto eres CONTODO.

—Jo, que imaginación —se dijo, Contodo, a media voz.

El todoterreno y su conductor bajaban de un pueblo de más arriba llamado Vilar de Cervos, donde se vivía bastante despreocupadamente. Sus gentes eran autosuficientes en casi todo. Hacían su propio pan. Sus quesos. Sus yogures. Sus pasteles. Y también se ideaban sus fiestas, aunque juventud ya prácticamente no quedaba, por eso eran fiestas de mayores, de acordeón y trompeta, nada de watios electrónicos, lo cual significaba que eran fiestas con poco futuro.

Cuando el todoterreno no llevaba pasajeros, Contodo paraba su vehículo enfrente de la cabaña. Hablaba con Pipa. Le contaba alguna leyenda de la comarca, no se sabía si por él inventada, aunque seguramente. Le traía algunas cosas, como unos sacos de centeno y de maíz, que en los pueblos de la montaña podía conseguirlos a un precio bastante menor que en Verín, casi a precio de coste.

Con esos cereales, ella podría obtener harina para hacerse sus propias tortas y compartir algo con sus gallinas. Algunas veces, Pipa bajaba y subía con él en el todoterreno hasta Mourazos y, algunas otras, continuaba hasta Verín.

De vez en cuando, Contodo descargaba de su todoterreno un saco de huesos con algún resto de carne de un matadero cercano a Verín. Otras veces le subía algunos paquetes de arroz y de pasta, ya en el mismo día de su caducidad, pero en total buen estado. Igual que barras de pan que al horno le habían sobrado del día anterior, ya algo duro, pero no importaba, los amigos animalitos de la cabaña no eran «chiquismiquis» con la comida y ella tampoco.

El lunes, como cada lunes, Pipa bajó a Verín. Debía cumplir con su compromiso de llevarles la leche de sus ovejas, la cual había hervido para librarla de la mayor parte de sus bacterias y conseguir que la misma aguantara en buen estado bastante más tiempo.

Contodo le comunicó que el miércoles siguiente no bajaría desde Vilardevós por la mañana, como habitualmente hacía, sino que lo haría a primera hora de la tarde. Debía llevar su todoterreno a realizar algún apaño mecánico que le fallaba.

Ese miércoles llegaron a Verín a las cuatro de la tarde. Sobre las seis, ella se fue a la biblioteca a repreguntar por sus tres amigos, Kano, Bámel y Naca. De nuevo, sin respuesta. Nadie los había visto ni oído. La angustia seguía. Ella murmuraba cabizbaja:

—¿Cómo es posible que hayan desaparecido sin decirme nada?

El sol se había alejado de las montañas, mientras las nubes negras se habían apoderado del valle. El todoterreno subía hacia la cabaña, pero aún le faltaban más de dos kilómetros. En su interior solo iban dos personas: Contodo, como conductor y, Pipa, como pasajera. Comenzó a llover con ganas, como si el cielo se hubiera ofendido con los nativos. Aquella zona de la pista forestal era bastante cuesta arriba, lo que provocaba que el agua de lluvia bajara con una fuerza inusitada, como si más arriba se hubiera roto la presa de contención de un gran embalse. El vehículo comenzó a dar síntomas de que algo no funcionaba bien. Los tirones eran cada vez más perceptibles, hasta que al motor se le acabó la fuerza y el vehículo se detuvo. Contodo tiró de freno de mano. El vehículo se fue un poco hacia atrás, quedó arrimado contra la cuneta norte y allí quedó medio embarrancado, en silencio, porque el motor se había parado.

—No, no, sigue, tira. —Pedía, en forma audible, Contodo. —Que tenemos que alcanzar la cabaña. No me fastidies ahora.

El conductor apagó las luces para ahorrar batería. La obscuridad ahora era absoluta, tanto como en un agujero negro. Pipa no estaba excesivamente impresionada, puesto que aquel hábitat obscuro, sin poder verte ni tú propia mano, era bastante natural para ella. En todo caso, aquello no pintaba nada bien.

Contodo giró la llave de su coche e intentó arrancarlo. Ram, ram, ram. Nada. Miró por casualidad su indicador de combustible y entonces se dio de bruces con la realidad y se quejó amargamente.

—No, no, por Dios. Todavía llené hoy el depósito. No puede estar a cero. ¡Qué desgracia!

El conductor miró a Pipa, bueno, a su silueta nada formada, puesto que, aunque estaban a un metro de distancia, no se veía más que un bulto sin definición alguna. El sol estaba al otro lado del planeta y la luna se había quedado dormida aquella noche, por eso no se había levantado. La obscuridad, envuelta en nubes soltando agua, era total.

La chica, con un olfato más fino, sobre todo a productos poco habituales en aquellas montañas, le anunció al conductor.

—Oye, huele a... algo raro, no sé a qué.

El conductor, más puesto en este tipo de perfumes poco deseables, atizó sus fosas nasales y lo reconoció enseguida. Abrió una trampilla de los bajos del automóvil y se encontró con un manguito roto, lo cual había provocado que, subiendo por la pista desde Mourazos, el depósito de gasolina se hubiera vaciado por completo. Y claro. Olía a la Gasolina perdida.

Contodo se enfadó y renegó de todos los que mandaban, y hasta de su mala suerte, pero esta era definitiva. El todoterreno, pesado como un tanque de guerra, no se movería de aquel sitio hasta que se reparara el manguito y se le pusiera combustible al motor. Con esa situación, quiso mirar a la chica a los ojos, para tranquilizarla, pero no encontró ni a la chica, cuanto más a sus ojos.

Pipa estaba entre preocupada y confiada.

Seguía lloviendo a todo caer. La obscuridad seguía siendo de cueva hundida. Sí movías el pie derecho no sabías a donde mover el izquierdo. El coche no podía arrancar ni desplazarse. Quedarse toda la noche en el automóvil podría ser peligroso. Intentar alcanzar la cabaña andando era más que una temeridad.

—¿Qué hacemos? —se oyó la voz de Pipa en la noche.

Contodo empezó a interpretar que la chica debía estar muy preocupada. Con catorce años, verse en mitad de la noche, y en mitad del bosque, y en mitad del peligro, seguramente que lo estaba. Prácticamente no podía verla, pero probablemente su cara debería reflejar un grito de socorro.

Contodo, para generar un poco de confianza, encendió las luces del todoterreno. Aquello no era lo razonable, porque la batería se acabaría pronto, aunque nada en aquella noche parecía razonable. Claro que no. Pero la luz era el antídoto del miedo. Con el impacto de las luces del coche, pareció que un platillo volante hubiera descendido hasta aquel lugar. Fue como si el sol hubiese aparecido en mitad de la noche.

Pipa y Contodo se miraron.

Estaban bien..., todo era susceptible de empeorar.

Seguía lloviendo. Tenía pinta de que seguiría lloviendo durante medio año seguido.

Pipa vio la cara de alta preocupación de Contodo. Se propuso ayudar en algo. Por eso dijo:

—Apaga las luces, Contodo. Las podríamos necesitar en algún momento de más apuro que ahora.

Él también quiso ayudar. Apagó las luces y, con voz de resignación, contestó.

—No, princesa. No pasará nada malo que requiera las luces. Nadie, ni siquiera los jabalíes son tan tontos como para sacar las orejas a pasear en una noche como esta.

La princesa se rio. El conductor también.

—Además, no pueden vernos. No pueden encontrarnos. —Prosiguió con la gracia, Pipa.

Volvieron dos sonrisas de complicidad.

—Y si algún bicho asomara por alguno de los dos lados, se las verá conmigo, que yo soy más bicho que ninguno.

De nuevo volvieron las risas.

Pero pronto se hizo el silencio. Darse ánimos estaba muy bien, pero la realidad podría llegar a ser dramática. Para que no lo fuera, al menos mentalmente, Contodo, que era el mayor, adoptó una postura menos fantástica, más creíble.

—No podemos irnos fuera, princesa, sería peligroso. Aquí dentro estaremos bien. Por mucho que llueva no nos mojaremos. Las puertas del coche no pueden ser abiertas desde fuera, porque las tengo cerradas con seguro, y...

—Y de ti puedo fiarme. ¡Lo sé! —la frase fue completada por la princesa. Le salió de lo más adentro, porque necesitaba confiar, y los deseos, cuando son muy fuertes, siempre se cumplen.

Contodo agarró una manta pequeña de la parte trasera del coche y se la ofreció a la chica, por si de madrugada quisiera cubrirse. La espera sería larga. Después de un rato, Pipa, dijo.

—Si tuviéramos tiempo te contaría un chiste.

A ella se le escapó una media carcajada; la de él fue exageradamente grande. Tal vez no tuvieran chistes, pero decir que no tenían tiempo era un chiste en sí mismo.

La noche fue avanzando. No dormían, la noche no había avanzado bastante. Seguían esperando que el día se acercara. De momento, se estaba acercando el primer deseo, ya que prácticamente había cesado de llover, aunque la riada de agua que seguía bajando por toda la pista forestal era cada vez mayor.

Se oyeron unos ruidos por los alrededores del coche. Al principio los confundieron con los golpes de la corriente del agua y de algunas piedras que, arrastradas por esta, se estrellaban contra el vehículo. Eso fue al principio, pero luego no, aquellos ruidos iban acompañados de sonidos guturales propios de animales poco amigos del hombre, y, mucho menos, de un hombre cercano a mayor y de una mujer no muy alejada de niña.

Contodo se puso tenso. Pipa ya lo estaba, pero ella también estaba más acostumbrada a apoyarse en su olfato y a manejar mejor las trampas de la obscuridad.

—Tranquilo, Contodo. Debe ser algún jabalí. Lo sé porque huele a marrano —así de resuelta, aparentando lo que no sentía, dijo bajito la princesa, para no ser oída desde fuera.

Los ruidos se hicieron más intensos. Los depredadores buscaban la comida que iba en la parte trasera, la cual no era muy percibida por el olfato humano, pero era inconfundible para narices virtuosas en ciertos olores. Los golpes contra el todoterreno eran cada vez más fuertes. Estos golpes pretendían encontrar algún resquicio por donde introducir las uñas y, al mismo tiempo, para amedrentar a los refugiados, a las presas, pues la guerra psicológica también formaba parte de la estrategia.

Pipa, bastante agobiada y tensa, apretó las manos y se reconfortó a sí misma.

«Sé que aquí no hay brujas endemoniadas ni monstruos desalmados. En mi bosque, no hay».

Cuando ya el miedo y la tensión era alta, Pipa, que estaba bastante aterrorizada, comenzó a percibir unos haces de luz que emergían y se escondían. Poco después, empezó a oír un ruido parecido al de un automóvil. En efecto, cuando se estaba acercando, Contodo reaccionó y exclamó.

—¡Es un coche! Es una especie de furgoneta... rara. ¿Quién puede ser por aquí y a estas horas?

No había terminado del todo su pregunta, cuando escucharon un ruido fuerte, un frenazo sobre la pista. El automóvil que subía hacia Vilar de Cervos nunca se hubiera esperado encontrar un todoterreno parado en mitad de la pista forestal, en mitad de la noche, sin luces ni señalización alguna. Gracias a la pericia del conductor no se estrellaron, puesto que el automóvil que llegaba se hubiera engullido al que estaba parado.

El furgón que acababa de llegar pertenecía a los bomberos de Verín. Iban a efectuar un reconocimiento y, después se vería, de un incendio de dos casas que, según noticias, se había originado en Vilar de Cervos a causa de la tormenta y un rayo caído sobre ellas.

Los bomberos no se quejaron mucho, ya que, aunque iban con urgencia, su furgón no llevaba las luces de emergencia encendidas, debido a que no funcionaban. Las sirenas acústicas, tampoco. Por no funcionar, ni funcionaban del todo las luces de alumbrado, ya que solo iban las del faro derecho. Parecía que en vez de un coche de bomberos subía una motocicleta.

Contodo, para dar señales que en el todoterreno había personas, encendió las luces del coche, sin atreverse a salir del mismo. Dos bomberos, también con desconfianza, salieron a la pista forestal y encendieron sus linternas.

—¿Hay alguien ahí? —preguntó un bombero.

—Sí, estamos aquí —gritó la chica mientras levantaba sus brazos y agitaba sus manos.

Contodo desactivó el seguro de cierre de puertas del todoterreno, abrió la puerta de su lado y se apeó del mismo. Por el otro lado se bajó Pipa. Cuando el bombero jefe vio que estaban ellos dos solos, un hombre mayor y una chica menor, en mitad de todo, de la tormenta, del bosque y de la obscuridad, empezaron a asaltarle pensamientos inquietantes. Sin embargo, cuando con la linterna iluminó de lleno la cara de Contodo, la reconoció. El bombero se quedó sin aire. Acertó a decir.

—Pero, Papá, ¿Qué hacíais aquí parados, sin luces? Nos hemos podido estrellar y matarnos todos.

Aquello hizo que la situación mejorara en gran medida. Se explicaron la avería del automóvil y la falta de combustible.

Los bomberos, con una cuerda metalizada, que eso sí tenían, remolcaron el todoterreno para situarlo fuera del paso de la pista, aunque no pudieron remolcarlo porque los dos estaban igual de desgastados.

Subieron todos al furgón de los bomberos, no sin antes Pipa recoger su caja del vehículo de Contodo. Lo importante no podía abandonarse. El bombero conductor creyó que los dos añadidos iban a Vilar de Cervos. Pero, no, no ambos. Cuando estaban a poco de cruzarse con la cabaña, Pipa les gritó para ser oída.

—Yo me quedo aquí. Tenéis que parar enfrente de la cabaña.

El bombero jefe, incrédulo, miró a la chica y después a su padre. Contodo, en tono serio, confirmó.

—Sí, en efecto. Ella vive aquí. La habría dejado yo si la cafetera de coche que tengo no se hubiera changado. La llevo tres veces a la semana a Verín, donde vende productos naturales.

Con todas esas explicaciones, el furgón de bomberos ya había alcanzado la cabaña, por eso, sin esperar instrucciones, el conductor lo detuvo. Pipa se apeó. Notando que los dos mastines ya estaban en pie de guerra, dio dos pasos hacia ellos y les habló, les ordenó.

—Eh, eh, tranquilos. Soy yo, son amigos.

Mientras tanto, el bombero jefe, dirigiéndose a la chica, le advirtió.

—Oye, que no son horas, no te vayas de aquí hasta que venga tu padre.

—Mi padre duerme desde hace once años. Supongo que reza por mí, pero eso es todo, no puede ayudarme más. ¿Queréis un vaso de leche buenísima?

Los bomberos no entendían nada. Ni contestaron a la oferta de la leche. Contodo les dijo que él no sabía mucho más. Qué la chica vivía aquí, puede que sola, mejor dicho, con lo dos mastines. Que esa era su casa.

Los bomberos iban en misión de emergencia por el incendio. No podían perder mucho tiempo. Bueno, ellos no habían perdido el tiempo, lo habían utilizado en otro asunto humanitario. El caso era que la misión destinada del incendio estaba esperando.

El bombero jefe dio órdenes. Subieron todos al furgón, incluido Contodo, y se alejaron de aquella cabaña perdida en el tiempo, entre el pasado y el futuro. Los bomberos, personas acostumbradas a ver de todo, no entendían como una chica, recién conseguida esta categoría, vivía sola en medio de la nada. Cuantas cosas pasan en esta vida que los humanos no entendemos. Tal vez porque no nos esforzamos lo suficiente para entenderlas.

13   PEQUEÑECES

La vida de Pipa Guleta era maravillosa o, al menos, se acercaba mucho a lo que la mayoría de los encarcelados llamaban una vida envidiable. Seguro, sin embargo, que más de uno renunciaría a la misma sin mucho esfuerzo, pues no disponer de un televisor ni de otros artilugios similares era impensable para ciertas personas con sus bolsillos acomodados. Entonces, ¿por qué su vida era maravillosa y envidiable? Porque llevaba la vida que le gustaba llevar. Tomaba sus decisiones sin dar explicaciones ni esperar a obtener resultados, ya que después no tenía que reprocharse por haber adoptado una decisión con pocos o malos beneficios. Puede ponerse como ejemplo que en época de recogida de setas, ella no le daba muchas vueltas a cuántas horas debía dedicarle, ni a cuántos kilos tenía que recoger, ni tampoco, al final, a como las debía vender, por cuanto no era egoísta y sus necesidades las cubría con poco.

Actualmente, la ausencia de Alicia ya era mejor soportada por los seres vivientes de la cabaña. Durante el día y en forma regular, la nieta se sentaba en la primera de aquellas dos rocas entre las que descansaban los pensamientos de su abuela y, casi siempre a media voz, hablaba con ella algún tiempo. A veces, durante dos minutos; otras, le dedicaba dos horas. Ciertamente, eran más bien monólogos de Pipa, puesto que esta nunca recibía respuesta alguna de Alicia. Algo distinto parecía que pasaba con la gatita Abril, que la abuela se trajera en su día con ella desde Mourazos, puesto que aquella se pasaba un tiempo moviendo su lengua y, tras varios minutos seguidos, escuchaba con suma atención y con sus ojos cerrados. Algún creyente diría que la gatita hablaba con la abuela. ¡Quién sabe!

Esos detalles no eran pequeñeces.

En aquella ladera de la montaña no existía espacio para el enfado. Tampoco para la desidia. Lo que la naturaleza demandaba, se llevaba a término con la mejor disposición. Por ejemplo, cuando ella consideraba que era hora de darse un baño, ponía a los dos mastines en guardia. Generalmente, a uno de ellos lo situaba para que cubriera las zonas norte y oeste, al tiempo que le ordenaba con las palabras justas, pero con énfasis.

—Coyote, atento. Qué no entre nadie.

El perro fiel se erguía y se envalentonaba, como si quisiera demostrarle que por allí no se acercaría ningún humano que tuviera dos piernas, ni aunque tuviera cuatro.

Después se llevó con ella al otro mastín, lo ubicó cerca del río para que cubriera las zonas este y sur. Tras ello, le conminaba.

—Cinturón, vigila, que no asome ni el viento.

Este mastín, que daría su vida por ella, abría sus ojos y, como radares rastreando, parecía asegurar que por aquel lado no se atreverían a sobrevolar ni los pájaros gavilanes.

Con la zona blindada de ojos mirones y atrevidos, la jefa se libró completamente de su ropa y calzado, sin reservas, y comenzó a zambullirse dentro de las aguas de la Bañerona. Se oyeron dos gritos al entrar su cuerpo en contacto con el agua transparente y casi helada, si bien aquella sensación de explosión lo superaba todo. Sucedía hasta que su cuerpo se adaptaba a la temperatura del agua, o puede que al revés. Entonces, los dos mastines, tras escuchar un «buuuf» potente, le oían reconocer con alivio.

—¡Pues no está tan fría! Todavía puedo mover los dedos.

Para su higiene, no utilizaba detergentes, sino dos cucharadas de gel algo espeso, a modo de bálsamo, elaborado por ella y con partes de tres plantas cultivadas con su cuidado, como eran aloe vera, tomillo y lavanda.

Ella se sumergió varias veces en aquella Bañerona, cuyo espacio conocía bien. Invirtió su cuerpo dejando la cabeza hacia el fondo y los pies asomando por la superficie del agua, al tiempo que realizó un giro sobre su propio cuerpo. Esa era una pirueta de natación ensayada muchas veces en la piscina municipal de Verín.

Cuando las necesidades y las diversiones ya se habían saciado, Pipa Guleta, caminando hacia los quince años y hacia el interior de su cabaña, parecía, sin proponérselo, una diosa fenicia emergente. No llevaba calzado, conocía perfectamente el terreno y sabía al detalle donde poner cada pie que avanzaba. Tampoco utilizaba biquini, ni siquiera monoquini.

¿Para qué? No tenía que esconder nada, ni con un trozo de tela ganaba nada. Al momento de nacer no traía biquini, pues ahora, que era mucho más guapa, tampoco lo llevaba. Prefería atender a su enorme sensación de caminar sin ataduras como una princesa, por su cabaña, por su principado, con total libertad y tranquilidad. Ella lo podía vivir, disfrutar, a diferencia de la inmensa mayoría de chicas que no podían por vivir en una colmena.

Eso tampoco eran pequeñeces.

Después de leer un poco más de una hora, le entró un sueño dominante. Pipa, que era algo dormilona, sucumbió para dormir cinco minutos, pero acabo dormida hora y media. Sí, se había pasado un poco, pero que bueno era poder transgredir las horas del sueño.

Al día siguiente, puso a sus dos mastines en cabeza de la expedición y ella controló detrás a su rebaño de ovejas. En una mochila se llevó dos fiambreras envejecidas con la comida de los perros. En cada fiambrera había dos zanahorias y un buen barbo de unos dos kilos, que el día anterior había pescado en el riachuelillo. Para alimentar su cuerpo se llevó un bocadillo grande de torta y queso de su cosecha, que seguramente no terminaría, mientras que, para alimentar su espíritu, se llevó una novela juvenil titulada «Pipa Guleta» del autor «Gustavo Pino Salgado». Y así, con todo previsto, puso rumbo a la cabaña de la Pipa. Las ovejas se pusieron a reventar, Pipa y los mastines, también.

En la tarde del día siguiente, puesto que en la cabaña se aprovechaban todos los días, Pipa preparó los utensilios para pescar. No era una pescadora profesional, ni lo pretendía. Ella se sermoneó a sí misma: «No solo de carne vive el hombre». No era carnívora, más bien de pasta y de tortillas, claro, pero se obligaba a pescar para añadir algo de pescado a su dieta. Además, los peces de aquel riachuelo eran mejores que los mejores de todos los mares. Había algunas truchas, con el lomo lleno de pintas, tan bonitas que le daba pena sacarlas del agua, si bien los barbos, con la panza brillante, eran mayoritarios. Nada de piscifactorías, nada de frigoríficos. Cuando pescaba lo suficiente para ella, los dos perros y las dos gatitas, ya estaba, levantaba los apetrechos y ya volvería otro día.

Aquel atardecer se puso unos guantes finos que le regalaban en el matadero. Ella no despreciaba nada. Con un azadón chiquito pegó dos cavazones en una barranquilla húmeda cercana al río. De entre la tierra extrajo unas cuantas lombrices, una de las cuales colocó con maña en un anzuelo artesanal hecho por ella con alambre acerado. El anzuelo lo ató a uno de los extremos de una cuerdecilla plastificada parecida al sedal, casi invisible y, el otro extremo, a una vara de salguero de casi dos metros de larga.

—Ya está. Buena pesca —se animó la pescadora.

Se sentó en la base de un tronco, lanzó la caña y esperó. La madre de la ciencia, y de la pesca, es la paciencia. No mucho después, notó unos tirones en la vara y que la cuerda se tensaba. Levantó del agua el anzuelo y, ¡haaala!, un barbo grandioso, de cerca de medio metro de largo, subió enganchado y dando vuelcos hacia todos los lados, hasta que lo dejó sobre el césped.

Coyote se lanzó sobre él, no tanto para comérselo de inmediato, sino para darse un festín juguetero. Bueno, al principio, después…

—Déjalo, Coyote. No seas un avariento, que hay que compartir. —eso ordenó la pescadora.

Qué jugada. Las órdenes de la jefa eran una jugada, porque Coyote no se comía nada mientras él mismo intentaba pescar en la mitad del riachuelo. Lo había intentado muchas veces, pero cuando su manaza derecha, pesada y lenta, pretendía colocarse encima del lomo del pez elegido, este ya había huido cuatro metros. Sin embargo, sobre el campo era otra cosa, se lo habría zampado en poco rato.

Cuando cayó otra pieza bastante más pequeña, se retiró de esa actividad. Recogió la caña y se fue canturreando una canción oída en el todoterreno de Contodo. Mientras eso sucedía, empezó a pensar en que la próxima vez que se fuera a Verín compraría algo así:

«Un artilugio mágico, de esos que cantan y tocan música, que no necesitan enchufe, porque funcionan con unas cosas... le llaman pilas. Ese aparatito sí que -mola-, como diría Kano».

Sí, eso del aparatito estaba muy bien en otras zonas, pero en aquella era más bien un deseo, por cuanto la realidad decía que ese aparato de radio sin emisoras no servía para nada, tal como pasaba en la cabaña.

No obstante, aquel pensamiento la llevó al siguiente, a preguntarse nuevamente por sus amigos.

«Les tuvo que pasar algo... malo. No se los pudo tragar la tierra sin más. Eh... Kano me habría llamado».

¡Huy, Kano, Kano! Recordaba a los tres amigos, era verdad. Pero, bueno, al que menos, a Naca. A Bámel, también la recordaba, pero a Kano, Kano era otra cosa. Pipa hacía más de un año que había dejado de ser niña. Ella se movía mucho por Mourazos, a donde bajaba andando alguna vez a la semana. También lo hacía por Verín, en donde cada vez conocía a más gente. Ahora bien, no era menos cierto que allá arriba, en su cabaña, era una chica solitaria, por lo cual, alguna vez había echado de menos alguna buena compañía.

Dos días más tarde, la dieta de pescado exigía volver a pescar, volver al riachuelo conocido oficialmente como Regato de Sandín, donde ella pescaba.

—No, esta vez utilizaré otra técnica diferente a la caña. Veré cómo se me da. Tendré que mojarme los pies, pero si quiero cambiar los barbos por truchas, tendré que hacerlo. — Así de comunicativa estaba Pipa con su gatita, Brisa.

Esta, que era una gata muy expresiva, le proporcionó un sentido «miau» que llevaba envuelto el siguiente mensaje:

«El que quiere peces, ha de mojase las rodillas».

Pipa pensó que no siempre era así, de hecho, los que se saboreaban los mejores peces no se mojaban ni siquiera los pies. Pero, ella, que tenía dos opciones, no comer nada o mojarse los tobillos, decidió que sus amigos los perros y las gatas esperaban la merienda, por eso decidió mojarse hasta donde fuera menester.

De esta forma, sin ningún utensilio de pesca, ni redes, ni cañas, ni dinamita, solo con sus manos y con sus pies, se fue a una zona más al norte de la Bañerona y se adentró en el río.

¿Así va a pescar? ¿Va a pescar los peces con sonrisas? Podría pensar algún pescador marinero.

Pues ya veremos. Ella no estaba en el mar, sino en un riachuelillo. Se situó en una zona donde el reguero tenía una cierta pendiente, por eso el agua bajaba con bastante corriente y quedaba lejos de alcanzar las rodillas, pues no había profundidad. Llevaba una camiseta sin mangas y un pantalón corto, de esos que los «cayetanos» llamaban como *shorts*, los cuales posibilitaban todo tipo de maniobras.

Muy bien, pero otro marinero desconcertado se podría preguntar cómo iba a pescar sin utensilios de pesca. ¿Iba a seducir y enamorar a algún trucho para que se saliera voluntariamente del río y saltara al campo? No, no, nada de eso. No sería tan fantástico, sería algo más serio, algo que la abuela le había enseñado como medio de supervivencia, sostenible de verdad, ya que solo pescaría lo necesario.

Eligió una «augeira», esto es, un alga que se extendía cerca de un metro a lo largo y a favor de la corriente del río. Despacio, sin chapotear ni efectuar ruido alguno, colocó sus dos pies justo al final del alga, en su parte sur, la cual tocaba sus tobillos. Los pies, puestos en uve, se tocaban por los talones, pero permanecían separados por los dedos unos veinte centímetros. Se inclinó despacio, tocó con sus manos la parte norte de la augeira, la que estaba cogida a la tierra, y, como un relámpago, notó que algo se había quedado encajado en el ángulo formado por los dedos de sus pies y los talones. Rápidamente, bajó sus manos hasta sus tobillos donde se encontraba una trucha de más de medio kilo. La apresó y con un movimiento de lanzamiento de sus manos, la sacó al campo.

Pipa levantó los brazos hacia el cielo expresando gran satisfacción. Sin ningún instrumento agresivo, ni mecánico ni químico, más que su propia habilidad, había pescado una trucha espléndida, y solo la trucha, sin pequeñines ni abuelines como hacían en las grandes redadas. Esto sí era pesca sostenible. Era lo que algún gracioso había nominado como «pesca podológica».

Con esa sencillez de medios, se hizo con dos piezas más y se fue del río. Ya estaba bien.

«Toma lo que necesites para hoy, sin codicia, que mañana podrás obtener tu otra ración». Pipa se decía sabiamente.

—Hoy no necesito más. Vive tú y deja vivir a los peces.

Esto, ni mucho menos, eran pequeñeces.

14 EMOCIONES

Las ovejitas de la cabaña eran felices. Ellas podían comer un poco más de lo suficiente. Hierba fresca y brotes tiernos que podían elegir casi a su antojo. Eran afortunadas, puesto que no todo animal viviente, incluidos muchos humanos, podían comer lo suficiente.

Se movían con cierto grado de libertad. Ellas no llegaban a tanto razonamiento sobre eso de la libertad, pero su jefa, Pipa, sabía que así era. La mayoría de las ovejas actuales, que cada vez iban quedando menos, mal vivían confinadas entre cuatro paredes, sin prácticamente moverse y rumiando pienso compuesto por despojos y desechos.

Todas las ovejas, al igual que todas las especies de este mundo traen en sus genes una necesidad: luchar contra la propia extinción. Y para eso, deben cumplir con la función de reproducción, claro que sí.

En esa necesidad y función estaba una ovejita a la que Pipa, el mismo día en que naciera, había bautizado con el nombre de Décima, porque cuando ella nacía era la número diez entre sus compañeras.

Décima había crecido. Se había hecho adulta. Cerca del año de su vida sintió la llamada de la maternidad y se quedó embarazada. Su embarazo duro cinco meses, tiempo que había transcurrido sin contratiempos conocidos.

Un frío mediodía, Pipa observó que Décima había iniciado el proceso de traer a un corderito a nuestro mundo. Sí, lo había iniciado, pero la chica empezó a intuir que algo no iba bien en ese proceso. La ovejita estaba muy inquieta, seguramente muy dolorida. Se fue corriendo como una loca al interior de la cabaña. Se colocó unos guantes finos y regreso con la misma prisa al lado de Décima. Esta se desplazaba lateralmente moviendo solamente las dos piernas traseras, como intentando recolocarse para facilitar la venida de su hijo. La jefa no sabía qué hacer ni cómo ayudar, pero empezó a darse cuenta de que la ovejita empezaba a perder el equilibrio porque estaba en un serio aprieto.

—Tengo que intentarlo —se oyó la voz de Pipa por los alrededores.

Se atrevió. No tenía experiencia alguna en esos acontecimientos, pero la experiencia en el caminar se adquiere caminando. Mayormente, los corderitos vienen a este mundo sacando primero su cabeza; después, sus extremidades anteriores; y, finalmente, las posteriores, por este orden. Sin embargo, esto, que no siempre era así, no se estaba cumpliendo en este caso.

Sin pérdida de tiempo, introdujo sus dos manos hasta rodear con las mismas el cuerpo del corderito. Creyó percibir que este estaba totalmente atravesado. Lo removió según pudo, sin tener certeza de si lo que hacía era lo correcto. Cuando le pareció que la cabecita del que había de nacer un tanto se veía, tiró del mismo hacia afuera hasta que el pequeñín salió entero a la vida y cayó al suelo. No se rompió nada, todo él era pura elasticidad. Acarició suavemente al corderito y acabó sus auxilios de limpieza, no sin antes comprobar que el recién nacido se encontraba en buen estado. La madre estaba agotada, pero confiaba en que se repondría.

Regresó a la cabaña y calentó una cazuela de agua. Acto seguido se quitó los guantes y, con jabón artesanal, se lavó las manos hasta los codos.

Pipa estaba impresionada.

Su sonrisa iba desde una oreja hasta la otra.

Su emoción pesaba toneladas.

Por la tarde, Pipa escuchó el ruido de un coche. Lo reconoció sin temor alguno. Era el todoterreno de Contodo que se había detenido enfrente de la cabaña.

—Chicos, quietos. Es Contodo —Aleccionó a sus dos mastines, quienes no se habían movido porque ya antes lo habían reconocido.

La sorpresa saltó cuando el conductor del todoterreno bajó de este una jaula con tres gallinas y un gallo. Contodo, exhibiendo su regalo, abrió la puertecilla de la jaula metálica, de la cual salieron las cuatro aves totalmente alborozadas por haber recuperado su libertad. Uf, entre lo que cacarearon las gallinas y lo que ladró Coyote mientras trataba de desplumar a alguna, la que se armó fue gorda, pero corta. Gorda porque en aquella cabaña no era habitual oír aquella verbena gallinera. Corta porque solo duró el tiempo que tardó Pipa en reprender al mastín, el cual regresó a su lado con la cabeza baja, pero sin arrepentimiento.

—¿Qué es esto, Contodo? —Preguntó la chica con los ojos abiertos.

—Pues, mira. —Respondió casi con euforia, el preguntado —En Vilar de Cervos, una vecina mía, que tenía estas tres gallinas y ese gallo, se hizo mayor y se fue a una residencia de mayores. Claro, como no podía llevarse con ella a las cuatro aves, me las regaló a mí y, como yo tampoco las puedo cuidar, te las regalo a ti. Decía su dueña que son muy ponedoras.

—Gracias, Contodo. —Agradecía y ofrecía, Pipa. —Pasado mañana, cuando vuelvas a subir hacia Vilar, te regalaré dos flanes.

—De nada. Eso sí, yo compraré un poco de fruta y por la tarde merendamos. Así podré ver quién es más fuerte, si Coyote o Cinturón.

—Hecho, en cuanto a la merienda. Respecto de los mastines, no hay color, Cinturón gana con el pecho y con la espalda.

Cinturón pareció mirarse con orgullo, como sabiéndose muy valorado.

Dos días después, las gallinas habían puesto seis huevos. La chica hizo dos tarros de flan casero con miel. Contodo, por su parte, había traído una bandejita cubierta con virutas de jamón, a la que Pipa añadió varias trozos de pan tostado, de pan especial de su casa y cosecha. Una bolsa de naranjas aportada por el invitado completó la merienda.

La niña estaba encantada. Se lo había pasado mucho mejor que bien. En forma sana, sin malicia, ni bien ni mal entendida. Contodo era un hombre bastante mayor, separados por más de cincuenta y cinco años de diferencia. No cabían segundas ni terceras intenciones. No cabía guerra, solo paz.

Pocos días después, Pipa andaba por Verín. Había entregado sus dos bidones de leche proporcionada por sus ovejas, más un total de dos docenas de huevos de sus gallinas. Era leche y eran huevos, cierto. Deberían ser más valorados que los diamantes, también. Pero, ja, los hombres tienen bastante atrofiada la escala de valores, por eso lo vendido no pagaba medio diamante de los malos. En todo caso, Pipa no buscaba diamantes, solo satisfacía su curiosidad, la curiosidad de los catorce años y medio.

Se acercó al escaparate de una joyería deslumbrante, situada en la plaza García Barbón. Se quedó mirándola. Hasta sus pies, una ráfaga de viento trajo una colilla de un cigarro y un trozo de papel de colorines. A su lado había una papelera algo cochambrosa y con el fondo un tanto roto. Ella se agachó, agarró con dos medios dedos la colilla y la dejó dentro de la papelera. Después hizo lo mismo con el trozo de papel, pero en cuanto lo soltó para que se quedara en el recipiente, un nuevo golpe de brisa hizo que el papel doblado se abriera y acabara otra vez encima de su pie derecho. Lo miró y se sorprendió porque no era un papel ordinario, a modo de un trozo de periódico, sino algo parecido a tres tarjetas unidas por uno de sus lados.

La chica, sin otras intenciones, elaboró la siguiente teoría.

«Este papel no quiere irse a la papelera. La brisa lo trae

a mis pies. Eso significa que tengo el viento a favor. Pues, ¡hala!, si quieres venirte conmigo, me servirás para, con otros, encender el fuego en la cabaña».

Recogió el trozo de papel y se fijó que estaba muy bien cortado, como si fueran tarjetas de visita unidas. Por el reverso de cada una de las tarjetas pudo ver algo escrito, sellado, pero no le prestó atención. Por el anverso, aparecieron cosas escritas, lo mismo en las tres. La retina de sus ojos solo retuvo, vayan los demonios del infierno a saber por qué, las últimas tres cifras de un número que acababa en ...555 y que se repetía en las tres tarjetas. No hizo mayor caso. Arrugó las tres cartulinas con su mano derecha y las dejó caerse en una bolsa con otro cachivache.

Se fue de la joyería sin comprar diamantes. Se dirigió a la vieja estación de autobuses de Verín, donde Contodo recogía a los poquitos viajeros hacia las montañas, que no eran las Rocosas, pero eran montañas. Siguiendo la calle principal, pasó por delante de una administración de lotería. Le llamo la atención que en una pantalla electrónica se iluminaba con intermitencia e intensidad un numero en color verde. Ese era el 29555. Dicho número no le decía nada, pero en su cerebro se activaron las tres últimas cifras de las tres cartulinas que había recogido a la entrada de la joyería: ...555. La curiosidad de los humanos, eso que no tienen los robots, hizo que sacara de su bolsa aquellas tarjetas unidas, que las estirara con sus manos y que leyera el número impreso en las mismas:

29555

—¿Y esto que significa? —fue lo que inocente y primeramente le vino a su cabeza.

Pues, eso, se respondió ella. ¿Qué significa un «papelillo» que anda por los suelos, zarandeado por la brisa, el cual tiene cosas insignificantes escritas por ambos lados? Ni caso. Metió nuevamente el «papelillo» en la bolsa, simplemente por no tirarlo al suelo, y se fue a la estación de autobuses.

Vino Contodo con su todoterreno. Cruzaron Mourazos. Subieron por la pista forestal. En el asiento de pasajeros le acompañó una mujer de casi media edad con un crío en brazos. Pipa se despidió del conductor y se bajó enfrente de la cabaña. Sus dos mastines y sus dos gatitas la recibieron a lo grande.

Se cambio de ropa. Se puso algo para andar por casa, para que la ropa de ir a Verín no se manchara ni se quemara con un trozo de leña que saltara del fuego. Además, que no oliera a humo de leña. A ella no le importaba, le parecía un olor natural. No consideraba que fuera desagradable, pero en aquel pueblo grande de Verín había señoras rancias con muchas manías en los olores que percibían sus narices.

Sobre la piedra de cantería acumuló tres troncos y, por debajo, unas ramas más delgadas para encender el fuego con el que hacer arroz, para ella y para compartir con sus amigos animales. Vació la bolsa que trajo de Verín sobre la mesa. Vio nuevamente aquel «papelito», aquellas tres tarjetas unidas y a su vista salto de nuevo el número impreso en ellas: 29555.

Sin mala suerte, sin conciencia y sin desprecio, sujetó con sus dedos aquellas tarjetas y las introdujo debajo de las ramas finas de leña. Le prendió fuego con una cerilla y, sin problema alguno, se auto defendió convencida.

—Veis, gentes de Verín, ricachones que lo desperdiciáis todo. Para esto sirven los papeles que tiráis por la calle.

La hoguera se activó y el papelito ardió, se consumió. Era un fuego exterminador de muchos euros, pero Pipa no lo sabía. Su objetivo de encender el fuego se había cumplido. Era lo importante.

Dos días en paz y regresó a Verín. En cuando se desearon los buenos días, Contodo, que estaba cariacontecido, la acribilló sin paciencia.

—¿Te has enterado, princesa? ¿Quién será el ricachón que tendrá agazapados los tres décimos de lotería con seis cientos mil euros en premios?

—Pero ¿qué dices? Respira, estás muy alterado —manifestaba, Pipa, sin saber de qué iba aquello.

—Uf, aunque el que tenga los tres décimos premiados fuera un tío, un tío feo, yo..., yo sería capaz de casarme con él... —aseguraba el hombre con una marcha imparable.

—Hoy vas pasado de vueltas, Contodo. Serénate y dime a qué te refieres con tanta euforia —seguía fuera de juego la chica solitaria, quien se reía felizmente.

—¿De veras que no te has enterado? Bueno, claro, tú aquí solo te enteras de tu propia felicidad, el resto del mundo no te interesa. ¡Buf, seiscientos mil euros, buf! Mira... —comenzaba a explicar el conductor el notición que había conmocionado la comarca y mucho más allá.

Contodo le informo a Pipa Guleta, sin parar, sin respirar, que en una administración de lotería de Verín se habían vendido tres décimos de lotería del premio super gordo. Cada décimo estaba premiado con dos cientos mil euros y que, consecuentemente, los tres décimos iguales suponían la cantidad monumental para aquellas gentes humildes de seiscientos mil euros. ¡Casi na, que diría un granaino!

—De momento, nadie los ha cobrado, que se sepa. — Afirmaba el conductor lanzado, con su vehículo y con su lengua —Pero ¿sabes lo bueno? Se rumorea que los tres decimos afortunados fueron comprados por un turista alemán que, dicen, los perdió por los alrededores de la plaza García Barbón de Verín. Jo, si el turista ya se ha ido a su país, los décimos perdidos los podría encontrar yo. Y qué bonito es el número: 29555.

—¿Cóoomo? —chilló, gritó, berreó, la princesa.

Pipa no sabía que era ni como era un décimo de lotería nacional. Ella nunca había comprado ninguno, no estaba obligada a saberlo. Sin embargo, en ese momento, sí que tuvo conciencia de que los «papelitos», las «tarjetas de visita», podían ser los tres décimos. La conciencia le dio un golpe al recordar el numero 29555 impreso en los tres decimos que habían pasado por sus pies y por sus manos, los cuales seguían en su memoria y convertidos en ceniza por la cocina de la cabaña.

Ella no sabía que estaba quemando, libre de impuestos, medio millón de euros. Eso era muchísimo dinero. Mucho más que lo que la mayoría de los trabajadores verían juntos en su vida. Podría hacer vacaciones largas por el caribe o, más tranquilas, en el polo norte. Hasta podría alquilar una nave e irse al cielo a ver a sus padres y a la abuela, que seguramente estarían allí.

Pipa, como pudo, si bien con cierta desmedida, le explicó a Contodo su historia y relación con los tres décimos. Aquel se puso furioso. Frenó y paró el todoterreno en seco, como si quisiera evitar atropellar a una anciana. Le exigió que se bajara de su automóvil y que fuera andando, menos mal que ya estaban entrando en Verín.

Cuando regresaron a mediodía hacia la cabaña, el conductor ya estaba más calmado. Dado que en el todoterreno no subía nadie más, el chofer aceptó la invitación de la princesa y se sentaron en la mesa de troncos de su cabaña. Contodo seguía muy afectado. La respiración se le aceleró cuando se fijó que en una esquina de la hoguera y mezclado con mucha ceniza pudo distinguir un trozo pequeño de uno de los tres décimos. Bien, solo se veía un trozo de la parte superior del mismo, donde se podía leer «S.E. Loterías y Apuestas del Estado», pero, claro, aquello no era suficiente, ni mucho menos, para intentar algo que identificara el décimo premiado.

—¿Cómo has podido quemar más de medio millón de euros? Haberte cortado la melena y haber encendido el fuego con ella — Así, así de explícito se pronunciaba el conductor.

—No me insultes, Contodo. —Se revolvía la chica con la cara bastante roja. —Yo no lo sabía. Además, ¿qué iba a hacer con todo ese dinero? ¿Dárselo a los pobres?

—¿A los pobres? Ah, claro, tú eres una princesa rica... —estaba reaccionando el chofer del todoterreno.

—Pues sí, hay muchísimas personas mucho menos ricas que yo. —Pipa estaba convencida de lo que decía. Se veía que lo decía con el alma. —Por otra parte, yo tenía que hacer la comida. Seguro que es más importante comer que

161

tener medio millón de euros. En el cielo no me los dejarían llevar. Aquí no me los puedo comer. ¿Qué ventajas tendría yo con todo ese dinero? Bueno, si me los dieran en billetes de veinte euros, entonces tendría... a ver... veinticinco mil billetes, es decir, veinticinco mil «papelitos» para ir encendiendo el fuego e ir quemándolos en las noches frías de invierno durante tres o cuatro años. Pues sí, soy un poco burra.

15 EL ORFANATO

Estaban en pleno verano. Hacía una mañana radiante, con mucha radiación solar y un calor aplastante. Pipa se había levantado temprano. El móvil marcaba las ocho horas. Era justo reconocer que para una chica joven, sin obligaciones horarias por contrato y sin personas mayores que la empujaran, dejar su cama a las ocho de la mañana era todo un logro, aunque el sol ya se había despertado bastante antes. En cualquier caso, ella se había autoimpuesto un régimen disciplinario al respecto. Era verano y, en plena montaña, a medida que la siesta se acercaba, la furia del calor se tornaba inaguantable. Debido a eso, ella se ponía el despertador del móvil en marcha y se levantaba. ¿Quién dijo que del móvil era todo indeseable?

Pipa puso algo de comer a las gatas y a los perros, cuya comida procedía de los restos y desperdicios gratis de una carnicería de Verín. Claro que, de vez en cuando, les traía pienso que ella compensaba con la entrega de productos artesanales dependiendo de la época, como algunas bandejitas de setas o bolsitas de tomillo. Por su parte, las ovejas no necesitaban ayudas con la comida, puesto que ellas mismas procuraban llenarse su interior con la fresca hierba que les gustaba.

Posteriormente, arregló un poco, sin exceso, su cabaña. Puso dos trozos de pan sobre algunas brasas, cuyas tostadas se zampó con unas moras y medio litro de leche.

Un silbido a sus dos mastines fue suficiente para que estos se pusieran inmediatamente a su lado. Pipa podía haber cogido la pista forestal, pero prefirió el recorrido de un antiguo sendero que seguía el curso del riachuelo, el mismo que bajaba bastante próximo a la Cabaña. Quería investigar la zona alta del río, el llamado Regato de Sandín, el cual suponía que pasaría entre las poblaciones de *Veiga das Meás* y *Vilar de Cervos*.

Para caminar por una ciudad solo hacía falta tener voluntad de hacerlo, pues incluso con el calzado son pocas las exigencias que se tienen. Sin embargo, eso cambia cuando tienes que avanzar por un regato de humedades, muy poblado de helechos y de docenas de plantas varias. Unas botas de piel de vaca y unos pantalones de lona, a pesar de la época estival, tuvo que llevarse puestos. También se llevó un buen garrote, aunque era solo para impresionar. La chica llevaba los dos perros mastines sujetos por sus correas. Estos no se irían solos por su cuenta, no se moverían de su lado, pero siempre que salían del recinto de la cabaña, como ahora, era norma que los atara más bien cortos, por ella, por si alguien se cruzara y por la disciplina de los propios perros.

Se fueron bordeando el río. En un remanso, Coyote se enzarzó en pretender engatusar a una trucha que por la esquina andaba. No pudo. Además, dándole un tirón de la soga que casi lo asfixia, se llevó la reprimenda de la jefa:

—Para ya, Coyote, ¿es qué quieres comerte a la pobre trucha? En el próximo viaje te quedarás en casa.

Cinturón miraba a su compañero como reprochándole: «Has visto. Te ha estado muy bien».

Subieron un cierto terraplén y alcanzaron una zona plana. Estaban entre los dos pueblos de *Veiga das Meás* y de *Vilar de Cervos*. En ese fatídico momento, la tierra comenzó a temblar. Los árboles altos se movían zarandeados como cometas de papel. Los mastines empezaron a aullar atemorizados. Pipa se asustó mucho, pues no había vivido nada igual. Estuvo agarrotada un buen rato sin saber que hacer. El garrote se le escapó de la mano. Se oyeron fuertes ruidos por desprendimientos y explosiones. A un par de metros, la tierra se abrió como si el mundo se quisiera partir en dos. Una grieta como una zanja profunda y cercana al medio metro de ancho se fue formando a sus pies.

Tras unos veinte segundos, el temblor de la tierra fue a menos. El desconcierto, sin embargo, cada segundo iba a más.

Se atrevieron. Saltaron la grieta y corrieron unos diez metros hasta que salieron a un claro, sin vegetación, donde apareció una edificación parecida a un colegio. Pipa se quedó descolocada. Del edificio comenzaban a elevarse llamaradas de fuego mezcladas con nubes de polvo, las cuales eran debidas al hundimiento parcial del complejo. Corrieron hacía el edificio con mucho recelo. En una de las tres vertientes se veía una especie de sala de gimnasio, así como otras salas destinadas posiblemente a comedor y cocina, en las cuales no aparecía nadie. Bordearon aquel lado y oyeron algún grito de llamada. A Pipa le pareció una voz conocida. Se metieron, ella y los dos mastines, por un pasillo cuyas habitaciones del lado derecho estaban destrozadas. El tejado se había hundido y el fuego empezaba a aparecer por el fondo. Encontraron una puerta metálica que daba acceso a una sala interior, pero esa puerta estaba prácticamente bloqueada hasta arriba por escombros de las paredes contiguas.

Coyote emitió un ladrido denunciando que detrás había alguien. Los de detrás, al oír el ladrido, gritaron varias cosas al mismo tiempo. Una de esas voces dijo al final:

—Aquí, estamos aquí. La puerta está bloqueada.

Pipa, entre el desconcierto de los gritos, reconoció la voz de la última que había gritado. Era Bámel. Aquella seguía escuchando gritos. Intentó levantar la voz por encima de los otros para ser escuchada. Nada, era un caos total. Una voz masculina intentó poner algo de pausa y orden.

—¡Callaros. Escuchad!

Esa pausa fue aprovechada por Pipa para intervenir.

—Chicos, soy yo. ¿Qué hago?

—Solo podremos salir por la puerta, pero necesitamos la llave... —Apuraba, Kano, su respuesta.

Pipa hecha un flan caliente, miró a su alrededor. Avistó un pequeño armario llavero con puerta de cristal, dentro del cual se veía un aro aglutinando siete u ocho llaves. Sin pararse a intentar abrir su puerta, agarró un pedrusco de la pared derribada y lo estampó contra el cristal, el cual saltó por los aires. Descolgó el aro con las llaves y... ahora ¿cómo conseguía llevárselas?

Cinturón, que era más vivo, se quedó moviendo la cola y mirando a una grieta considerable en el suelo, la cual había sido producida por el terremoto. Dicha grieta tendría una profundidad de cerca del metro y medio, así como un ancho irregular de unos treinta centímetros, a pesar de lo cual, no podía introducirse por ella una persona, ni siquiera un contorsionista. Pero Pipa conocía a su mastín, que no era precisamente un caniche, pero seguro que lo intentaría, aunque en el intento se dejara buena parte de su piel.

Así se forjan las victorias, con confianza. No sin peligros, pero la convicción de la jefa y la valentía del mastín hicieron posible lo que era casi imposible.

Pipa puso en la boca de Cinturón el aro recogiendo las llaves, le dio un beso en la frente y le pidió con vehemencia:

—Llévaselas, Cinturón. Ahí están mis amigos y los tuyos.

El obediente animal, sin dudarlo ni preocuparse, fijó con sus dientes el aro metálico como si llevara a un hijo suyo, se lanzó a la grieta producida por el seísmo y se fue desplazando entre ciertos aullidos por él emitidos. Cinturón no era un quejicas; era que los arañazos y cortes provocados por las esquinas de las piedras y los palos que asomaban por los laterales de la grieta lo estaban martirizando.

Con los ojos casi cegados por los golpes contra la tierra y el cuerpo enrojecido por los cortes padecidos, el perro salvador salvó la pared divisoria y alcanzó la parte interior de la sala. En aquella zona, la grieta se hacía más profunda.

Cinturón tuvo que ser ayudado por Kano y Naca para poder salvar la profundidad en la que estaba, pues casi no podía moverse para impulsarse e intentar el salto. Cuando recuperó el piso de la sala, levantó su cabeza orgulloso y dejó que Kano recogiera el aro con las llaves.

Las cuatro personas que había en aquella sala, Kano, Bámel, Naca y un auxiliar de enfermería, que estaba un tanto herido en un brazo, se abrazaron a Cinturón como si les hubiera salvado la vida dos veces.

Kano recogió el grupo de llaves, se fue a la puerta e intentó abrirla. Fue probando llave tras llave hasta que la cuarta entró en la cerradura, pero esta no se abría. Empujó fuerte la puerta hasta que la cerradura se abrió y la puerta también. El problema fue que, una montaña de trozos de tejas, de madera y todo tipo de materiales del derrumbe del tejado se le vino encima al abrirse de golpe la puerta. Los demás lo auxiliaron, se levantó y, a pesar de las magulladuras, salieron los cuatro y el mastín trepando por encima de los escombros. Pipa les dio un abrazo grandullón a todos, comenzando por su amiga Bámel; después, al quisquilloso Naca; luego, al auxiliar del Centro, aunque no lo conocía, pero la ocasión lo requería; y, finalmente, a Kano, a quién lo había dejado para el final, puede que intencionadamente, pues, al ser el último, el abrazo podría durar más tiempo. Ahora bien, al último que abrazó, en realidad, fue a Cinturón, que se había portado como un león imperial. Este sí que se merecía una docena de abrazos.

El auxiliar les pidió, les ordenó que se alejaran del edificio. Por seguridad, por posibilidades de hundimientos, que se fueran a una zona menos peligrosa, que él se iba al pabellón principal para ver cómo estaban por allí.

Los cuatro amigos y los dos perros se alejaron varios metros y se quedaron expectantes detrás de unos pinos robustos.

Menos mal, porque medio minuto posteriormente, una réplica del terremoto abrió un gran socavón en la tierra, el cual hizo que el Pabellón B desapareciera engullido hasta las profundidades, al tiempo que una nube enorme de polvo lo envolvió todo.

Pronto comenzaron a oírse sirenas de todo tipo, de policía, de bomberos, de ambulancias y de protección civil. Aquello era un caos tremendo. Todo era humo de los incendios y polvo de los hundimientos. Los amigos, viendo la caballería en marcha y que ellos desde allí ya no podían hacer nada, decidieron retirarse y bajar hacia el río en dirección a la Guleta. Pipa encontró su garrote, lo recogió y comenzó a hacer de jefa.

Tuvieron que sortear docenas de obstáculos. Bajaron en silencio. Todos detrás de Pipa, que era quién más conocía aquellos andurriales y quien llevaba el garrote delante suyo, con el cual iba despejando un poco el sendero por donde pasaban. Ya muy cerca de la entrada a la cabaña, la jefa dio rienda suelta a los mastines, no sin antes inspeccionar el estado físico de Cinturón y hacerle dos carantoñas. Este andaba un poco maltrecho, aunque no tenía heridas de gravedad. No obstante, pronto pusieron a hervir una cazuela de tomillo, con el que limpiaron e higienizaron su piel que buena falta le hacía.

Entraron en la cabaña. Si Pipa estaba contenta de que sus amigos hubieran vuelto, estos lo estaban mucho más, puesto que su vida en los últimos tiempos había sido bastante dura. Se tomaron agua fresca, ya que allí no había otra cosa. Cuando la tensión sufrida fue a menos, Bámel, recordando que allí faltaba alguien, preguntó inocentemente.

—¿Y tú abuela? ¿Se ha ido de vacaciones sin ti?

La nieta cambió de semblante. Se puso seria. Su amargura afloró hasta en su cabello. Los tres amigos se quedaron callados, conscientes de que algo muy malo había pasado y esperando que fuera Pipa la que rompiera la capa de hielo.

—Ojala. —Expresó la nieta en forma de susurro, mientras con sus puños se frotaba los ojos. —Si se hubiera ido de vacaciones no se habría ido sin mí. Se fue a otro mundo con mi mamá y con mi papá. No sé por qué los mayores un día se van y abandona a sus menores. ¡Qué canallas! Yo viviré siempre.

Los cuatro amigos, demostrando una gran complicidad, se apretaron en un abrazo de varias horas. No tanto, pero lo pareció. Pipa los llevó al rincón entre el río y dos rocas donde permanecían bajo tierra las cenizas de Alicia. Estuvieron inmóviles un rato, de pie, como si fueran personas mayores. Bámel recogió un palo que andaba por una esquina y lo dejó longitudinalmente tendido cerca de la abuela, de sus recuerdos. Después dejó cruzado sobre aquel, otro más corto, conformando una cruz sencilla, sentida, como todo lo que brotaba de ellos.

Regresaron al interior de la cabaña. La vida sigue, no igual, pero sigue. Claro que sí. Sin que estuviera pactado, ni escrito ni verbalmente, sino por simple razón de fuerza física, las dos chicas se pusieron a amasar una bolsa de harina para después cocer dos tortas grandotas de pan. Ahora ya eran cuatro. Los dos chicos se pusieron a rehacer con ramas el tejado del palacio donde ahora estaban, ya que otro invierno duro no lo aguantaría.

Ya de noche, cada uno se comió media torta de pan, incluyendo un chorizo asado de grandes dimensiones. Las chicas se conformaron con la mitad, pero a los chicos les era igual que se tratara de la cena que del almuerzo, no iban a perdonar nada, sobre todo después de las restricciones vividas en aquel orfanato.

Mientras estaban fuera acompañados por la luz de la luna, surgieron las primeras preguntas sobre el pasado reciente. Pipa, intentando entender la ausencia de sus amigos durante más de un mes, preguntó a la luna, esperando que quien tuviera más ansia por hablar le respondiera.

—¿Qué es ese... cole, hospital o lo que sea donde estabais?

Bámel y Naca se miraron. Enseguida, guardando silencio, decidieron que fuera Kano quien se mojara y diera una respuesta, que seguramente sería más técnica, más como Pipa esperaba.

—Oficialmente, es el Centro de Acogida de Menores El Bosque, históricamente conocido con el nombre feo de Orfanato El Bosque. Ese centro cuenta con dos pabellones. El Principal, destinado a administración y demás. El A, más grande y con más chicos, está destinado a la acogida de menores huérfanos sin recursos ni atención de parientes. El pabellón B es más pequeño y, asimismo, más... tétrico. Acoge igualmente a chicos huérfanos, pero que, además, se hayan visto envueltos en algún asunto en que hubiera intervenido la Fiscalía o alguna institución protectora de menores.

—Y vosotros, ¿estabais en el pabellón de los buenos o de los...? —Estaba repreguntando, Pipa.

A Naca, quién había tenido una infancia todavía más difícil, no le gustaba nada que lo trataran de... chico malo, por cuanto él consideraba que los tres amigos habían sido las víctimas, no los verdugos, por eso saltó «ipso facto».

—Nosotros no hicimos nada de nada. Son esos miopes que se meten a investigadores y que no ven al burro delante ni aunque lo toquen con la mano.

Pipa, dada la respuesta, se dio algo por aludida en eso de «meterse a investigadores», por eso reaccionó con cierta contundencia, sin ser lo habitual en ella. Los últimos acontecimientos la tenían un poco alterada. Cómo no, había perdido a su abuela, en quién más confiaba. La soledad soportada posteriormente no era una cuestión baladí. El terremoto sufrido esta misma mañana todavía la mantenía en alerta. ¿Acaso eso era poco para una joven de catorce años?

—A ver, Naca. Yo no investigo nada, solo pretendía saber el motivo por el que desaparecisteis y no dijisteis nada. ¿Y vuestros móviles? —Así, con cierta rabia, contestaba Pipa.

Bámel intentó aclarar algunos aspectos para rebajar la tensión, ya que, después de los últimos acontecimientos sufridos, no era el momento de defender muchas dosis de orgullo. Comenzó a hablar, casi a llorar.

—Chicos. En ese orfanato... yo lo he pasado muy mal este último mes, Dios, no necesito ahora más problemas. Pipa, no tenemos nuestros móviles, los tuvimos que entregar, por eso no hemos contactado contigo de ninguna forma. Pero tú tampoco nos llamaste para ir aquel sábado a la playa...

—¡No pude, Bámel! Mi abuela estaba en la cama. No estaba dormida, pero no me contestaba. Para vosotros... la vida es más fácil que para mí. —La nieta estaba a punto de romperse emocionalmente. Ahora mismo vivía entre el aguante y el desplome.

Kano, se retorció; seguidamente, se le escapó.

—¿Nosotros? ¿Una vida más fácil que tú?

Tras esa queja dramática, Kano, que durante todo el tiempo había permanecido en segundo plano, saltó a la arena. Sabía que a él lo interrumpían poco. Ostentaba un cierto carisma de líder en el grupo, aunque eso ni le ocupaba ni le preocupaba. Comenzó por el principio, intentando hacer un relato somero de sus vidas desde que se conocieran y, posteriormente, algo más formado sobre lo últimamente vivido por los tres amigos.

—Quien no esté de acuerdo que alce su mano. — Comenzó, Kano, su *speech* (alegato) hablando despacio. La luna no tenía prisa, él tampoco. — Veréis. Recuerdo que un día, con seis o siete años, me llevaron, no supe quiénes lo hicieron, a una casa grande. Los dueños no tenían hijos biológicos. Eran muy religiosos y bastante ricachones. Mucho más tarde supe que yo estaba en «régimen de acogida». Allí encontré a Naca y a Bámel, que eran mis hermanos de acogida, que no de sangre. Había otro... chico, entre uno y dos años mayor que nosotros, también en acogida. Nuestros acogedores no eran demasiado malas personas, pero sí muy usureras.

—Íbamos al cole, al polideportivo, a la biblioteca, a la piscina, al río... y por ahí. En la biblioteca nos conocimos los cuatro.

—En esa situación estuvimos hasta aquel sábado que nos fuimos a la playa de La Lanzada. Estando allí, supimos por la policía que nuestros acogedores nos habían acusado de robo de joyas y que, debido a ello, cancelaban nuestra situación de acogimiento. Por instrucciones de la Fiscalía de Menores y de la Dirección General para Adolescentes nos trajeron a Verín, después a Vilar de Cervos y, finalmente, nos ingresaron provisionalmente en ese Centro. Estábamos en el Pabellón B porque había contra nosotros una acusación por robo, por eso estábamos en régimen cerrado y sin comunicación al exterior, por tanto, sin móviles. Ahora, como nos hemos venido, no saben nada de nosotros y...

—El robo, ¿lo cometió ese otro chico..., también acogido? —Interrumpió, Pipa, que ella sí que se atrevía.

—No lo sabemos, pero ayer nos comunicó la coordinadora del centro que en una joyería de Vigo aparecieron algunas de las joyas robadas. Parece que las señas facilitadas por esa joyería coinciden mucho con las de nuestro... excompañero.

—Esta mañana hemos dejado el Centro de forma poco... normal. Seguro que nos buscarán, y yo no quiero volver allí. —De esa forma afloraban las angustias de Bámel.

—No lo creo. —Argumentaba ahora, en forma muy seria, Kano. —El auxiliar habrá muerto con el hundimiento total del pabellón B. Los demás empleados y la dirección del centro no saben nada. Todo el mundo nos dará por desaparecidos y por hundidos entre los escombros, metidos en mitad de la tierra. Ahora mismo ya no existimos. Ya no contamos para nadie.

—Bueno, Kano, tampoco antes contábamos mucho. De hecho, éramos más bien un estorbo. —Se despachó sin pelos, Naca.

Pipa se puso en pie, sonrió por primera vez desde hacía muchas fechas, miró a los tres amigos casi al mismo tiempo y medio les preguntó, medio les ofreció.

—Viviremos aquí los cuatro, ¿verdad que sí?

Los cuatro gritaron al unísono hacia la luna, tanto que se les pudo oír en ese satélite:

—Síií. Síií. Síií. Síií.

16 CONVIVENCIA

A Pipa no la asustaban los truenos en exceso. Su abuela decía que la tormenta era la forma que tenía la naturaleza de reprochar a los humanos las barbaridades que hacían con su tierra madre.

Aquella misma noche se preparó una tormenta de mil truenos, dos mil rayos, tres mil diablos y cuatro mil demonios. Por las alturas se escuchaba el ruido estremecedor del choque de dos mundos, como si los planetas Tierra y Marte se estamparan el uno contra el otro. Se despertaron los cuatro. No habría sido de humanos pasar de aquella tormenta y dormirse como si nada.

Era verdad que la jefa soportaba bien el ruido de los truenos. Aun así, se sintió mucho mejor con la compañía de los tres amigos. Se sentía contenta. Vivir sola tenía alguna ventaja, claro que sí, pero ¿cuántas desventajas tenía? Compartir, convivir es de humanos. La soledad te arrincona, te desgasta la sonrisa y te encoge el alma.

Bámel sufría mucho con las tormentas. Las nubes estaban allí mismo, encima de ellos, por eso quería irse al sótano, pero no pudo, no había otros niveles, ni por encima ni por debajo.

Ella, sin sacar la cabeza del todo debajo de sábanas, colchas y mantas, le habló a su amiga.

—Pipa, haaah, ¿puedo ir contigo?

Inmediatamente antes de que esta contestara, se oyó la voz maliciosa de Naca diciendo.

—Puedes venir conmigo, Bámel. Yo también estoy solo.

—Caya, Naca, ¡tonto! Bámel, vente conmigo. —sin opciones, ejerciendo de jefa, Pipa resolvió la disyuntiva.

Bámel se fue con Pipa. Aquella medio temblando se acurrucó bastante debajo de su amiga y, un tiempo después, se encontró mejor.

Cada uno de los cuatro amigos dormía en cuartos diferentes. Pipa, que para eso era su cabaña, no admitió, ni cuando se sugirió medio en broma y medio pícaramente, que se compartiera dormitorio. Nada. Kano no se pronunció al respecto, simplemente se dirigió al que Pipa le había asignado, sin palabras en contra. Sin embargo, Naca, sin llegar a plantear problemas, refunfuñó diciendo.

—¿Por qué? Pues, vaya. Vamos a estar peor que en el orfanato. Sois unas viejas anticuadas.

Nadie respondió, no hacía falta ni era prudente entrar en discusiones de cama la primera noche. No señor, si no eres capaz de entender la respuesta que puedan darte, no preguntes.

Cuando parecía que la tormenta se había ido a otra parte, Pipa se levantó porque una gota de agua le estaba cayendo sobre una mano. Asomó a una esquina. Sin tiempo para retroceder percibió como un rayo de cinco mil demonios caía desde el firmamento plomizo y se fue a encabritar en un chopo alto y delgado, al que partió en dos mitades, de arriba abajo. Esta era la fuerza de la naturaleza. Somos muy orgullosos, pero pequeñitos ante los dragones que bajan de la estratosfera.

Cuando llegó de nuevo el día, este vino lleno de sol, puesto que las nubes habían seguido su camino hacia otros lugares. En aquel tiempo no solía haber tormentas, pero los jefes de la naturaleza andaban muy enfadados con los terrestres y les enviaban avisos con cierta frecuencia. Estos nada, planificando tropelías.

Los cuatro habían pasado la primera noche en la cabaña. Parte de ella había sido muy ruidosa, pero todo enseña. A Kano le sirvió para proponer que debían mejorar la impermeabilidad del tejado, que habrían de pensar en cómo. Pipa estuvo encantada con la propuesta.

Kano era el más alto de todos, entre rubio y moreno. De carácter un tanto serio, pero no desagradable. Pensaba antes de hablar. Bámel era medio palmo más baja que su amiga. Eso sí, muy risueña, a menudo charlatana, con una melena hasta el ombligo que enamoraba. Naca era dos o tres dedos menor en altura que su amigo. Bastante irregular en carácter, dependiente del día, generalmente con buenos propósitos, aunque mezclados con segundas y terceras intenciones. A

Pipa le faltaba medio palmo para igualar la altura de Kano, por eso sus amigos la veían como una gacela larguirucha y alegre, y si bien la soledad le había reducido algo la sonrisa, ahora la estaba recuperando. Ella no explotaba artificialmente su belleza.

Entre Kano y Naca habían colocado cuatro troncos, a modo de taburetes, donde ahora estaban todos ellos sentados. Empezaron los primeros debates sobre el futuro, pues no podían caer en la estéril complacencia ni en la simple meditación. Cada día uno haría una propuesta, la defendería y se votaría.

Pipa, rompió las telarañas. Era espontánea, pues a eso no le ganaba nadie. Planteó que debían proseguir los cuatro con su formación. Que fueran libres no conllevaba que fueran analfabetos. La propuesta implicaba inscribirse en un instituto público, pues era muy costosa la formación privada. Eso conllevaba papeles, pero los harían. Tendrían que desplazarse a Verín cada día, lo que acarrearía ciertos costes. Bueno, aprovecharían el viaje para vender sus productos artesanales y, con ese dinerito, poder permitírselo. Votaron la propuesta, pues había que empezar a pasar de las decisiones individuales a las colectivas. Kano dijo sí. Bámel apuntó sí. Naca expuso no. Pipa votó sí. Propuesta aprobada por mayoría absoluta. Empezarían el siguiente curso, ya que en el presente no era posible. Naca, sin embargo, no se sentía feliz con lo aprobado.

Al día siguiente, Kano hizo una propuesta que podría parecer de menor enjundia. Pues no. Propuso que se tenían que organizar. Todos harían de todo, si bien cada cual, en exclusiva, arreglaría su propio dormitorio, donde se implantaría una cierta intimidad. Por otra parte, si ellos, los chicos, podían hacer mejor los trabajos de fuerza, como arrastrar más troncos de leña, también comían más, gastaban más y, consecuentemente, tenían que trabajar algo más. Asimismo, si ellos podían hacer mejor las funciones de seguridad, porque asustaban un poco más, las chicas llevarían mayoritariamente el lavado de ropa y hacer la comida, aunque, un día a la semana, estas funciones quedaban reservadas a los chicos, sin excusa para los que cocinaban y sin reparo para las que comían.

Las chicas estaban exultantes. ¡Qué maravilla¡

«Y a este Kano, ¿qué santo lo bendijo?», se preguntaba, Pipa, removiendo su cabeza.

Por la tarde, los cuatro fueron a buscar y recopilar leña para cocinar y proporcionar calor en invierno. Pipa tenía más experiencia, por lo que prevaleció su criterio. La leña era recogida de árboles caídos por el viento, ya secos, además de trozos de ramas caídas, piñas y así. También les enseñó el sistema de acelerado. Esto es, sobre aquellos árboles mayores, que iniciaban su declive y estaban ya medio secos, se les hacía un aro en la corteza para que se acelerara su proceso de secado, que cayeran y en pocos meses hacer leña. En su lugar plantaban dos árboles iguales, pues no podían convertirse en depredadores del medio natural.

Estaban en septiembre largo, acabando la última semana. Todavía hacía calor. En aquel «fondo de cazuela», como algún avispado había bautizado al *Val do Monterrei*, el verano no daba ningún síntoma de querer retirarse. Y allí seguía. Su sol continuaba siendo orgulloso y obcecado. Era cierto que la temperatura de las madrugadas iba a menos, pero conforme iba avanzando la mañana el sol se enrabietaba tanto que, a las cinco de la tarde, no había cabeza humana tan dura que lo aguantara.

Los chicos propusieron darse unos chapuzones en la Bañerona. Ahí surgió un nuevo debate. Mientras duró aquel tiempo en el que Pipa había estado sola, ella no encontraba obstáculo alguno para hacer lo que le viniera en gana, vestida hasta las orejas o desnuda hasta los tobillos. Pero ahora, ya eran cuatro, la cosa había cambiado. No era cuestión de modernidad ni de antigüedad, sino de personalidad, de intimidad, y cada cual tenía derecho a la suya.

Hablaron de cómo se meterían en la Bañerona. Naca se posicionó rápidamente.

—Pues, metiéndonos. Todos sabemos nadar, lo que significa que ninguno necesita flotador, ¿no?

—No es cuestión de flotador, Naca, sino de bañador. Que cada cual decida lo que quiera hacer —precisó, Pipa.

—Anda, que cosas. No sé porque discutimos esto. Parece que estemos con niñitas de cinco años. Esto no es una mezquita musulmana, supongo. —Retomó, Naca, su turno, demostrando tener mucho interés en defender su propuesta.

Se hizo un momento de silencio, entre otros motivos, porque solo se habían oído dos opiniones. Tal vez por eso, Bámel tomó la palabra con algún titubeo.

—A ver, chicos. Esto no me parece lo más importante del mundo. En algún otro sitio, como en las duchas del orfanato ese, eh... ya hicimos algún salto y nos duchamos sin nada. Yo voto por bañarnos sin bañador, ni de dos ni de una pieza.

—Yo, sin ropa y sin calzado, hoy y siempre —volvió a pronunciarse nuevamente, Naca.

De nuevo se hizo el silencio. Kano, en contra de lo que esperaba Pipa, se mantuvo callado. Esta sentía que ella se iba a bañar con biquini, que se había bañado muchas veces desnuda en aquella misma Bañerona, pero fue cuando estaba sola, lo cual no se daba ahora. Iba a ser con bañador, era su decisión y era una cuestión innegociable.

No se trataba tanto de desnudez o no, sino de contexto. Si una chica, o un chico, se va en verano a la playa y se queda en biquini no va a pasar absolutamente nada, puesto que allí hay otras miles de chicas en la misma situación. Ahora bien, si esa chica entra en bañador en una iglesia, y ya no se diga desnuda, se va a armar muy gorda, pues está fuera de contexto. Eso pasaba, en buena manera, en la cabaña, ya que aquello no era la playa. Era cuestión de pudor, de algo personalísimo. Aquello era una cabaña en la montaña, y sentirse uno condicionado por la opinión de los demás no era sostenible.

Por fin, cuando ya las fresas habían madurado, Kano se dispuso a intervenir con calma. Era su carácter, su personalidad. Esa sensatez, ese comportamiento que emanaba de su forma de ser pocas veces era bien entendido, ni mucho menos compartido por su amigo Naca, pero este se aguantaba, tal vez porque, ya en más de una ocasión, Kano lo había sacado de un cierto barrizal, con bastante barro.

—Yo voto a favor de bañarnos con bañador puesto. No se tiene que forzar a nadie. Nadie tiene que sentirse incomodo. Es lo mejor —ese era Kano, esa fue su postura.

Vale. A esta situación se llega cuando se someten a la voluntad de otros, de los vecinos, decisiones que son totalmente privadas, personalísimas. El resultado de la votación era de empate, dos a favor de no bañador y otros dos a favor de usarlo. Y, ahora, ¿qué?

Kano, que era el que solía apagar el fuego, agarró la manguera e hizo de bombero.

—Pues, si os parece bien, hacemos lo siguiente: Pipa y yo nos vamos ahora al otro lado de la pista forestal a recoger las piñas del regato verde; mientras tanto, Naca y Bámel que se bañen, desnudos, o como quieran. Por la tarde, mientras Bámel y Naca recogen las piñas del regato azul, Pipa y yo nos bañaremos con los bañadores puestos. ¿Aceptado?

Pipa dijo, con una sonrisa visible de satisfacción, que perfecto. Ella ahora ya tenía el problema resuelto y, además, se bañaría sola, con bañadores, pero sola con Kano.

Bámel manifestó que sí, que le parecía buena solución.

Naca se quedó entre dos aguas, pero acabó aceptando.

Kano ya se había manifestado. Solo añadió.

—Vamos, Pipa. Yo llevo el carretillo y el saco para traer las piñas.

Pipa agarró su garrote, como siempre que salía de la cabaña. Antes de irse, no obstante, recordando cuando ella estaba sola en la cabaña y se bañaba desnuda, llamó a sus mastines, se dirigió a cada uno y los aleccionó con decisión.

—Coyote, tú arriba; Cinturón, tú abajo. Qué no entre nadie.

La vida seguía su curso. La organización no siempre era perfecta, pero tampoco tenía que serlo en todo momento. El mantenimiento, mejoras y necesidades en la cabaña eran muchas, sobre todo cuando te mueves por una sociedad y esta comienza a engancharte.

En verano, la Bañerona facilitaba mucho las cosas. En concreto, respecto del baño para la higiene corporal, pero, en invierno, las temperaturas heladas del riachuelo exigían otras formas. Pipa transportaba cántaras de agua desde el manantial situado al lado del puente, la calentaba en un cubo metálico, medio llenaba un barreño amplio y allí se bañaba. Sin embargo, Kano venía habituado de Verín y del orfanato a no tener que carretear agua doméstica y a ducharse de pie, no a encogerse en un barreño. Con eso, comenzó a idear algo sencillo y funcional, que él llamaría como «acueducto y ducha inteligente».

El sistema de «acueducto inteligente» se hizo colocando una manguera delgada que enterraron un poco desde el manantial hasta la cabaña. El manantial estaba más alto que la cabaña, por tanto el agua llegaba muy bien hasta esta. Eso era aprovechado para disponer de agua corriente en la cocina y en parte de una salita destinada a despensa, donde se iba a instalar la ducha inteligente. Guau, tener agua corriente en la cocina sin tener que traerla en brazos era maravilloso. El sistema no era muy inteligente, pero era un gran avance.

El funcionamiento de la «ducha inteligente» era original. La manguera con agua llenaba un cubo metálico tipo regadera. Una vez calentada suficientemente en la cocina, era subida manualmente, claro, a una altura de dos metros mediante una cuerda metálica flexible colgada del tejado.

Tirando de otra cuerda, la regadera se inclinaba y por su caño y cabezal salía el agua como si de una auténtica ducha se tratara. Ello permitía ducharse en muy buena forma. No era muy inteligente, pero era eficaz y una mejora muy importante.

Los cuatro, actualmente, tenían su móvil. Por supuesto, una vez que lo pruebas, el cerebro ya no se resiste a vivir sin ese aparatito milagroso y, a la vez, maligno. Para alcanzar cobertura debían subirse a la mitad del chopo o al cerro situado al norte de la cabaña. ¿Y para cargar la batería? Esa sí era una dificultad considerable, puesto que en la cabaña no disponían de enchufes. Claro que no, porque no llegaba la corriente eléctrica.

Una mañana, cuando Bámel y Naca todavía planchaban la oreja, Pipa, con segundas y alguna tercera, le atusó a su amigo.

—Oye, Kano. Tú has visto el generador que los del *concello* de Verín me dejaron cuando estuve en el hospital por un esguince. Yo de eso no sé nada. ¿Qué tendría yo que hacer, en compensación, si tú lo pusieras en marcha?

—Ah, bueno. —Argumentaba, Kano. —Primero, yo también sé poco de eso. Segundo, no creo que la turbina funcione, porque parece bastante vieja y trasteada. Tercero, eh..., pues..., si funcionara tendrías que darme una docena de abrazos y, después...

—Eh, eh, para, para. Un abrazo... de amigo, vale, pero después... nada —cortaba la cuerda de la negociación, Pipa.

—Vaya negocio. —Contraatacaba, el amigo. —Solo un abrazo y, encima, de amigo. Así seguro que el generador no funcionará.

El caso es que aquella tarde, mientras las dos chicas estaban subidas en la mitad del chopo escuchando lo último en reguetón de Maluma, el jefe Kano nombró oficialmente a Naca como su ayudante y se pusieron a inspeccionar la turbina generadora de energía eléctrica. Apuntaron algunas piezas eléctricas que necesitaban y esperaron al día de mañana.

Pipa se percató de aquel comienzo, y se alegró, pero no dijo nada. Había que esperar.

La mañana siguiente, ellos comenzaron la obra. Buscaron la mejor ubicación para asentar la turbina, la cual colocaron sobre dos vigas de madera de castaño que ubicaron a dos palmos sobre el agua del río. Una palanca y dos apoyos permitían que las palas subieran y dejaran de estar en contacto con el agua, con lo cual la turbina se paraba para que no trabajara innecesariamente. Cortaron unas maderas, las perfilaron un poco con dos hachas y consiguieron hacer ocho palas que encajaran en los huecos de la turbina. Estas palas, movidas circularmente por el agua que bajaba por el río, darían movimiento al generador y este proporcionaría corriente eléctrica.

El generador ya estaba en posición. Hicieron dos hoyos profundos y clavaron en ellos dos postes de unos cuatro metros de altura, uno al lado del generador y otro a la entrada de la cabaña. En la parte superior de los postes fijaron dos palomillas aislantes, las cuales sujetarían dos cables que conducirían la corriente eléctrica hasta el interior de la morada.

En la pared de la cabaña colocaron un enchufe para cubrir necesidades, así como un interruptor que controlaba una única bombilla que alumbraba la cocina. Era una sola, pero era potentísima, de cuatrocientos watios. Alumbraba como un sol de verano. Tiempo habría para instalar otras lámparas en las habitaciones, siempre que la potencia generada por la turbina lo permitiera.

Pusieron el generador en marcha. Las palas comenzaron a girar y un zumbido característico de los motores comenzó a oírse. No quisieron probar la instalación hasta que se hiciera de noche, pues el impacto de la bombilla al encenderse sería enorme. Y así fue. Cuando la luna nueva apareció detrás de una montaña, Naca tuvo el honor de accionar el interruptor y, cual milagro divino pareciera, la luz se hizo. Se podía ver todo el interior de la cabaña. Los cuatro saltaron de alegría. Después, conectaron al enchufe un cargador y el móvil comenzó a indicar el inicio de carga. Volvieron a dar saltos de alegría. Ahora ya podían cargar los móviles y verse las caras. Pusieron música de un vídeo grabado en la memoria del dispositivo móvil y desplazaron la bombilla para que alumbrara hacia el exterior de la cabaña. Montaron una gran fiesta. Claro que sí, los vecinos no se molestarían. No existían. Hicieron unas tortas de pan centeno y le añadieron unas cuñas de queso auténtico. Tomaron agua fresca, estaba buenísima. Tampoco había ningún líquido más. Naca habría preferido otra cosa, pero no rechistó.

Todos los animales vivientes en la cabaña observaron aquella fiesta totalmente desconcertados, no entendían como esta vez se había acabado tan pronto la noche, porque se veía casi igual que si fuera de día.

17 VIVIENDO EL ENTROIDO

Alrededor de las veinticuatro horas, los cuatro acabaron de jugar una partida de cartas, a la escoba. La pareja formada por las dos chicas le ganaron a los dos chicos. De hecho, cada vez que así se emparejaban para jugar, casi siempre ganaban ellas.

—Anda chiquitos, otra vez os hemos zurrado. ¡Sois unos flojos! —Se reían y les tiraban de la lengua las dos amigas.

Entre aquellas bromas, Naca, que era el más lanzado en materia de jarana, se levantó, alzó los brazos y soltó.

—Ya lo tengo. Tenemos que ir al *entroido* (carnaval), a Verín, Laza y Xinzo. Son los tres mejores. Estos tienen muchísima más marcha. Vamos a petarlos.

Los otros tres se miraron, pero después de mirarse, un sentimiento común de posibilidad comenzó a abrirse hueco. El carnaval duraba dos o tres semanas, pero ellos no podían tomarse más de cuatro o cinco días. El bolsillo no se lo permitía. Los cuatro amigos estaban un tanto alejados de las tres poblaciones marchosas, donde el *entroido* hervía: Xinzo, Laza y Verín. No podían ir y venir cada día. Contodo regresaba a las seis de la tarde y, a esas horas, ni había comenzado la fiesta. Se quedaron un poco desfondados, pero, las neuronas de Pipa propusieron.

—Dejadme a mí, que hace más tiempo que la conozco. La señora de la carnicería, que nos compra huevos y demás, tiene un piso desocupado, eso le oí decir. Si nos lo dejara utilizar esa semana, le regalaríamos dos fardos de lana o lo que quisiera. Hablaré con ella.

Hecho. La señora de la carnicería sentía una cierta predilección por Pipa, ya que, aunque esta tenía una juventud temprana, la joven siempre la había tratado con respeto, con consideración y nunca la había fallado en los pedidos. Aun así, mientras le daba una copia de las llaves, le exigió que no deberían meter a nadie más en el piso, que solo podían ser cuatro noches y que se portaran bien con los vecinos.

¡Palabra de Pipa!

Ya tenían donde dormir y, con algo de limitaciones, donde prepararse algo de secano para comer. Ahora tocaba llenarse los bolsillos de ilusiones y preparar el plan para la semana en las tres poblaciones marchosas. Le dedicaron dos días e hicieron unos disfraces lo más espectaculares y extravagantes que los medios les permitieron.

«O entroido», esto es, «el carnaval», venía siendo desde tiempo atrás toda una institución en Galicia y, con mucha más fuerza, en la provincia de Ourense. Ahora bien, si eso lo trasladábamos al «triángulo del escándalo», eso era lo más espectacular de los mundos conocidos. El triángulo del escándalo estaba formado por tres poblaciones ubicadas en triángulo, las cuales organizaban los mejores *entroidos* del planeta: Verín, en la cabeza. Xinzo de Limia, en el corazón. Laza, en los tejidos reproductores.

Y allá se fueron. Eran las once horas. Subieron al todoterreno de Contodo con mochilas y fardos, donde se llevaron tres disfraces para cada uno, algo de ropa y algunas cosillas de aseo personal. También se llevaron a Abril, la gatita de la abuela. Se instalaron en un piso con dos habitaciones. En la que era un poco más grande, lo hicieron las dos chicas. En la menos grande, los chicos. Ese derecho de mayor amplitud se lo habían ganado las chicas al juego de cartas de la escoba.

Comenzó el *entroido*.

Verín. *Xoves de Comadres* (jueves de mujeres).

El primer día de *entroido* lo disfrutarían en Verín.

Ese Xoves de Comadres implicaba, eso decía la tradición, que era la noche de las comadres, de las mujeres. Los hombres se quedaban en casa, cuidando a los niños, y las mujeres se disfrazaban e iban a cenar en pandillas, pero solo chicas.

Las dos amigas lo plantearon, pero los chicos adujeron que ellos no habían podido disfrutar del día de Compadres, que se había celebrado el jueves anterior, lo cual era cierto. Ellas aceptaron, pues aunque la tradición no decía eso, no serían los únicos chicos en la calle durante esa noche.

En ese primer envite se pusieron el disfraz más sencillo, para ir haciendo camino y, sobrepasadas las nueve horas, se fueron los cuatro a la calle. Se animaron en la *praza do Concello* (plaza del Ayuntamiento) con la música de una charanga. Con el gentío que había, se fueron andando al ritmo de los caracoles, un metro cada hora, por la avenida de Portugal. Subieron por la *rúa Lisa,* hasta alcanzar la plaza García Barbón, con movimientos rítmicos, saltos y gritos.

La charanga hizo un descanso.

Los cuatro amigos, en la esquina norte de aquella plaza, pidieron media pizza cada uno, con dos botellas de agua de un litro, para mantenerse despiertos. Cenaron en la calle, ya que en días de *entroido* se vive, se come y, algunos, hasta duermen en la calle. Pasadas las doce de la noche, se fueron hasta la base del castillo de Monterrei, desde donde bajaron por la Vía Romana acompañando a la reina del carnaval. Al pregón no le hicieron mucho caso. El resto era explosivo, por los fuegos artificiales, los tambores, las maracas, las ganas de reír y la ausencia de enfados y de problemas. Una caña. A las dos de la madrugada volvían a bailar y a saltar en la plaza García Barbón, sin descanso, hasta que los huesos aguantaran y dieran muestras de que comenzaban a torcerse.

Ahí, pasadas las cuatro y media de la mañana, los amigos decidieron que el sufrimiento no era diversión, salvo, Naca, que era el más guerrero. Este, por el contrario, decía que para divertirse había que sufrir. No se aceptó. La mayoría ganó y a las cinco de la madrugada se retiraron a soñar.

Vino el siguiente día.

Xinzo. *Venres fareleiro* (viernes blanco).

Este viernes de *entroido* lo pasarían en Xinzo de Limia. Era el segundo día de carnaval. Se levantaron cuando empezaba a ser después de la hora de comer. Las chicas arreglaron un poco el piso. Los chicos bajaron a por pan. Tuvieron suerte. Encontraron una panadería de esas que son pana-bares y se llevaron las tres últimas chapatas que les quedaban. Hicieron cuatro bocadillos grandes, alguno gigante, que estaban más que buenos.

Sin tiempo que perder, se enchufaron el primer disfraz en serio. El más original era el de Bámel, que simulaba un canguro autentico, con bebé y todo. Lo cierto es que el animal que llevaba en su vientre no era un canguro chico, pero sí que era un animal, era la gatita de la abuela Alicia, que iba un poco inquieta, pero todos los carnavaleros alucinaban al verla.

Se subieron al bus y alcanzaron la villa de Xinzo. Esta contaba con unos nueve mil quinientos habitantes. Estaba ubicada a unos treinta kilómetros al norte de Verín. Su *entroido* reunía a muchísimos festeros, no en vano había sido declarado de interés turístico internacional.

Su figura principal eran las Pantallas. Estos personajes llevaban camisa y calzones blancos, polainas, capa roja y cinturón con campanillas. Lo más particular era la máscara denominada Pantalla y una vejiga de vaca que asustaba a los hombres no acostumbrados. Naca y Kano tuvieron que correr de lo lindo para no dejarse atrapar. A las mujeres nada, no se podía ni tocarlas, pero ellas se reían hasta caerse de espaldas.

Andando la tarde, hubo desfiles infantiles durante dos horas. Muy lindos los pequeños. Después se congregó todo el mundo en la plaza principal. La gran guerra iba a comenzar.

Aquel día no era el viernes blanco como tal, pero los ciudadanos ya no estaban para respetar normas, así que se lio la guerra santa lanzando harina con las dos manos a todas partes. Los cuatro amigos se hicieron con un saco de veinticinco kilos de *farelos*, asimilados a la harina. Con todo ese polvo blanco apabullaron a los contrarios, que eran la mitad de la plaza, quienes quedaron totalmente rebozados de harina y a punto para ser freídos. Por el contrario, la gatita Abril había recibido tantos *farelos* que se largó de su guarida en el disfraz y tuvieron que ir a buscarla dos calles más abajo. Pobre gata, parecía un cochinillo rebozado.

Las últimas dos horas largas se bien gastaron con bailes de ascendencia caribeña, con marcado carácter de salsas, bachatas y otras similares. La sangre solo corría por las venas, pero corría mucho. Regresaron a Verín agotados. Con tantos farelos que no se conocían ni aunque se observaran.

Llegó un nuevo día.

Laza. Sábado de Cabritadas (Sábado de Trastadas).

Este sábado, tercer día de *entroido*, lo degustarían en Laza. Este era un *concello* más bien pequeño en habitantes, unos mil quinientos, pero muy grande en emociones carnavaleras. El número de personas que pisaban territorio de Laza en época de entroido alcanzaba niveles poco creíbles.

La figura estelar del entroido de Laza era «O Peliqueiro», portador de un traje singular, con camisa, calzones y medias blancas, encajadas con una chaqueta corta y corbata colorada. Remataba un cinturón que sujetaba las *chocas* que producían sonidos inconfundibles. Un látigo,

Zamarra, convertía al Peliqueiro en el jefe de la calle en todo momento.

Los cuatro amigos de la cabaña se sumaron a la fiesta el sábado a media tarde. Contodo se encargó de llevarlos a Laza y de traerlos hasta Verín. Repitieron disfraz sencillo, porque en Laza no se aconsejaba vestirse en forma muy elegante.

Nada más alcanzar Laza, se encontraron con la *Fariñada dos Nenos* (Lanzamiento de harina entre niños) en la plaza de la Picota. Era la guerra blanca.

Después, como era sábado grande, las comparsas de cabritas saltaban hasta cerca de los tejados y lo revestían todo de blanco. Se armó la gran *fariñada*, puesto que la harina, nuevamente, era el ingrediente básico del día.

Kano y Naca venían dispuestos a guerrear contra dragones y villanos, pero se rindieron ante la superioridad, ya que los nativos disponían de material parecido a tanques de guerra. Eran cubos con hormigas grandes y hambrientas que, mezcladas con ceniza caliente, estas se llenaban de rabia. En ese estado eran lanzadas sin contemplaciones para que se engancharan en la piel y no se soltaran. Era un poco bruto, pero también era más excitante que hacer parapente o barranquismo.

La última hora se organizó una gran *troulada* (juerga) de jóvenes, con música de gran ritmo y muy potente en vatios.

Había que volver y volvieron. No hubo ni cena. La cama era más necesaria que las vitaminas.

Comenzó el último día.

Verín. *Domingo Gordo* (Día grande de *entroido*).

Este último día lo gozarían a tope en Verín. Estaban en su hábitat, y aunque a la villa de Verín la conocían bastante bien, siempre había cosas que observar con más calma. En ese sentido, dado que los chicos se perdían parte de su vida durmiendo, las dos amigas, antes de media mañana, se hicieron un zumo y se fueron a pasear por Verín.

Se fueron hacia el río Támega, cruzaron el puente de madera, siguieron la piscina fluvial y se acercaron al barrio de San Lázaro. Allí admiraron la Casa del Asistente con su escudo único. Tras ello, regresaron al río Támega y cruzaron el puente de piedra. Antes de cruzarlo del todo se hicieron dos fotos, una de ellas con el castillo de *Monterrei* al norte. Subieron por la *rúa Maior*, mirando sus tiendecillas, hasta su número uno, donde contemplaron la llamada por algunos como Casa Palomar. En la misma plaza García Barbón, esquina *rúa Lisa*, comentaron la lejanía originaria de la Casa de los Acevedo. Callejearon *la rúa Lisa*, se fueron a la *rúa Monte Maior* y, tras una mirada pasajera con dos chicos desvergonzados, cruzaron a la *Praza da Mercede*, donde se detuvieron unos instantes con la iglesia de su mismo nombre. Se fueron por la *rúa do Pozo* y, en la plaza de Viriato, se quedaron prendadas con la escultura del Cigarrón, donde se hicieron cinco fotos.

Regresaron a su piso. Entre risotadas, les vertieron unas gotas de agua encima de los ojos de los dos dormilones, ya que dentro de poco comenzaban los dos mayores desfile del mundo, que no podían perderse.

Tomaron unas madalenas, no había más, y se colocaron los disfraces destinados a este día.

—Hasta que el cuerpo aguante —sentenció, Naca.

Este iba vestido de Nerón, papel que no era desacertado, le sentaba bien. Kano, se disfrazó de Robin Hood, que también encajaba bien con su personalidad.

Bámel iba de meiga, con sus faldas oscuras hasta por debajo de los pies, su chal de lana negra cayendo por los costados y su pañuelo que cubría toda la cabeza y parte de la cara. Esta parte frontal era iluminada por una careta artesanal con la nariz puntiaguda, mentirosa. Remataba la joya una escoba de verdad, con ramas naturales en una punta, y un palo largo de metro y medio en el otro lado, que ella, algo provocadora, metía entre las piernas con intención de volar.

Pipa iba de princesa. Un vestido hecho de sábanas viejas, planchadas y mimadas, la cubría desde el cuello hasta los pies. Un mantón, que no era de Manila, cubría sus brazos y le daba algo de calor agradable, pues no estaban en verano. Una máscara de cartón recortada y confeccionada por ella estaba pintada con rotuladores indelebles, pretendiendo reflejar el rostro de Cinturón. La máscara era especial, remirada por todos y casi por todas. Esa era Pipa. Su esbeltez y sonrisa competían con la virgen más guapa.

Por la mañana había desfile infantil, durante el cual se añadieron a una comparsa de un colegio de dos años menores que ellos. Lo hicieron muy divertido, aunque en forma bastante comedida, pues no podían pasarse.

Acabado el desfile infantil y mañanero, se fueron a comer al piso. Bueno, no había mucho que llevarse a la boca, pero con un trozo de empanada estándar, una cuña de roscón y una hora de siesta se recuperaron por completo.

A las cuatro de la tarde comenzaba el desfile grande. Sus charangas, carrozas y comparsas se estaban dando los últimos retoques.

Ahora bien, la figura sobresaliente en el entroido de Verín era, sin duda alguna, «O Cigarrón», esto es, El Cigarrón. El traje de este personaje es pesado, más de veinte kilos. Está formado por una careta de madera pintada según tradición, la cual soporta una mitra que representa el animal preferido. Hacia abajo, camisa blanca, corbata con franjas, chaquetilla corta y pañoleta de colores. Faja y pantalón con ribetes y medias blancas, acaba en unos zapatos negros. Lo más característico de ese Cigarrón es un cinturón atado a su cintura del que cuelgan «as chocas», que podríamos llamar «los cencerros», así como un «zamarra», esto es, un látigo o fusta con la que los cigarrones amenazan a casi todo el mundo.

Los cuatro amigos no formaban parte de ninguna comparsa, pero se colaron en el desfile. Se situaron por delante de una charanga, con la cual no tenían relación alguna, pero por su gracia y atrevimiento, sus bailes entusiastas, sus saltos y gritos malabares, acabaron siendo felicitados por participantes y visitantes.

Acabado el desfile, se unieron a la fiesta en la plaza García Barbón. A las dos horas, se fueron con todo el mundo, a la *praza do Concello*, donde ahora seguía la fiesta. Dos horas más tarde se fueron a la plaza de la Merced y, posteriormente, de nuevo en la plaza García Barbón. Andando la madrugada se acercaron a la plaza de la Alameda, donde les regalaron un vaso grande de chocolate con churros.

Sí señor, que alegría te da cuando en algún lugar todavía te regalan alguna cosa.

Regresaron al baile. Se situaron cerca de la orquesta, para sintonizarse mejor, donde montaron una algarabía a la que se sumaron otros treinta o cuarenta pretendientes de fiesta.

Entrando en el amanecer, la orquesta anunció que «hasta mañana». Eso les ayudó a recordar que ese domingo estarían hasta que el cuerpo aguantara y, la verdad, ya casi no quedaba ningún aguante. Decidieron poner fin al *entroido*; se fueron a dormir. Se levantaron a media mañana. Los chicos bajaron a la churrería y trajeron chocolate con churros. Era lunes Fareleiro, pero había que dejar el piso e irse a la cabaña.

Adiós, *entroido*, adiós.

18 SÁBADO EN PONTE VELLA

Se estaba acabando el viernes. La semana estaba transcurriendo sin excesivas horas dedicadas a la diversión, pues aunque los cuatro eran muy jóvenes, ellos también tenían unas necesidades que cubrir y unos compromisos que cumplir. Así es la vida, pura compensación, puro trueque. Si yo quiero que me des alguna cosa, la cual yo no tengo y necesito, yo tendré que darte a ti algo que tú no tienes y que demandas. Ellos eran autosuficientes en ciertas cosas, pero necesitaban vender los productos que ellos tenían, como leche o miel, para así poder disponer de un dinerillo con el que pagar productos de los que no disponían, cual caso de aceite para cocinar o de bombillas para restituir las fundidas.

En eso habían ocupado la semana, recolectando, envasando y entregando cantidades pequeñas, ya que no eran industriales con líneas de producción en serie.

Pero, en sábados y domingos la entrega de sus productos no se hacía, por eso podían dedicarse a sus aficiones y diversiones. Naca, que estaba en todas las meriendas, propuso lleno de razones.

—¿Y si nos vamos mañana a dar una vuelta por el centro comercial Ponte Vella de Ourense? Para ir no hay problemas de horarios. Para venir desde el centro comercial de Ourense hasta Verín bajamos en el autocar Monbus, el cual llega a las veintidós horas. A esa misma hora le pedimos a Contodo que nos recoja en la estación de autobuses de Verín y que nos traiga hasta la cabaña. ¿Qué?

El plan viajero ya estaba desarrollado. Ahora faltaba el plan marchero, aunque la marcha se podría ir disfrutando según se fuera presentando.

Llegó el sábado. A media mañana esperaron el automóvil de Contodo para dirigirse a Verín. De Vilar de Cervos venían tres pasajeros. Ellos eran cuatro, lo cual implicaba que iban un tanto apretaditos, porque el todoterreno solo portaba seis asientos hábiles y declarados.

Contodo se enfadó y les sermoneó.

—No puede ser. Solo puedo llevar a seis pasajeros y ahí atrás vais siete. Si viene la policía me la cargo.

—Tienes razón, Contodo, pero Pipa y yo solo ocupamos un asiento. Además, yo soy muy estrechita de todo, solo cuento por media persona, así que la multa solo sería la mitad —eso defendía, con bastante ironía, Bámel.

—Bámel es muy estrechita, ja ja ja; estrechita de todo, ja ja ja. ¡Qué se vea! ¡Qué lo enseñe! —pronto saltaron, al unísono, con deletreo, los chicos a la plaza.

Bámel les hizo un gesto desaprobando lo dicho por estos, y se dedicó a consultar su móvil.

En la estación verinense, pagaron los billetes del autobús desde Verín a Ourense. Los cuatro billetes costaron un dinerito, sobre todo si se valoraba la débil economía de los cuatro casi quinceañeros. Kano recordó.

—Veis para que sirve el dinero. Con lo que hemos pagado ahora, lo que gastemos en algo para comer, alguna cosa que tomemos, más los billetes de vuelta, no sé si nos quedará para ir al cine. Tenemos que esforzarnos un poco más y recaudar algo extra para las fiestas.

—Menos mal que en la cabaña no pagamos el agua, ni la luz, ni tampoco impuestos. Solo pagamos lo mínimo de los móviles y, aun así, estamos asfixiados —complementó, Pipa, lo expuesto por su amigo.

Bajaron en la estación de autobuses de Ourense. Siguieron por la Avenida das Caldas, cruzaron el puente Romano y entraron en el centro comercial Ponte Vella, su destino elegido.

El reloj ya marcaba las trece horas y treinta y cinco minutos. El estómago ya andaba vacío. Naca avistó una pizzería. Vio que de la misma salía una dependienta. Esta le dio un tirón hacia abajo a la persiana y la dejó a media altura. Sin titubeos, raudo y veloz, Naca se fue al trote hasta la puerta.

—¿Ya cierras? —le preguntó a la chica. Ayer hacía un mes que ella había cumplido los dieciocho años, pero parecía bastante menor, dieciséis estirando mucho.

—¿Ya? Debería estar ya en mi casa —respondió la dependienta.

—Anda, y ahora, ¿qué comemos? Apiádate de estos peregrinos. ¿No tendrás por ahí algo baratito? No somos exigentes —esto lo dijo, Naca, con cara de pena, de hambriento, de peregrino casi desfallecido.

La chica se lo pensó, lo miró, esperó tres segundos, pero en vez de tirar de la persiana hacia abajo del todo, se agachó un poco y entró de nuevo en el interior del local. Detrás, se agachó otro poco, y entró Naca. Las luces ya estaban apagadas. La persiana a media altura no permitía ver nada de lo que pasaba dentro. Pasaron unos buenos minutos.

Las chicas sonreían pícaramente. Kano, más inocentón, acertó a preguntar a quién lo supiera.

—¿Qué hacen? ¿Por qué tarda tanto, Naca? No había nadie dentro.

Finalmente, porque todo tiene un final, salieron los dos del local. La pizzera cerró la persiana y se fue. Naca salió con dos cajas de pizzas y una botella de dos litros de un refresco de naranja. Venía sonriente, victorioso. Abrió las dos cajas. Una contenía una pizza entera, de barbacoa, troceada en ocho raciones; a la otra le quedaban tres raciones de vegetariana.

—¿Cómo has pagado todo eso? El dinero lo llevo yo —le preguntó extrañado, casi boquiabierto, Kano.

Naca, dando una vuelta sobre sí mismo, pavoneándose como si fuera un pavo real, exclamó lleno de orgullo, con algo de chulería.

—¡Guapo que es uno!

Las chicas, que muy poquito les hacía falta para montar la verbena, levantaron la voz para que se enterara todo ser viviente que anduviera por aquel centro comercial.

—¡Ha ligado! ¡Naca ha ligado! ¡El año que viene hay boda!

Kano, que no era tan alborotador ni le sacaba tanto la punta al lapicero como las chicas, intentó poner un poco de cordura y, tras ello, volvió a preguntarle a su amigo.

—Bajad el volumen, las dos, que nos van a echar por escándalo público. ¿Cuánto vale la comida, Naca?

Cuando las dos amigas redujeron la fiesta a niveles menos alterados, se sentaron en un banco de madera para darse el gran banquete. Justo al sentarse, Pipa, más acostumbrada a poner la mesa, se percató que no tenían vasos ni servilletas. La pizza la comerían con las manos, estaban como de excursión, pero alguna servilleta para limpiarlas al final sí que necesitarían.

Ella levantó la vista. Vio que casi enfrente se anunciaban unos lavabos y, sin complejos, allá se fue. Descargó medio rollo de papel higiénico y regresó.

—Vale chicos. Ya tenemos servilletas comunitarias. Vasos, no, así que tendremos que beber a morro, pero comportaros, que nadie chupe la botella.

Kano volvió a mirar a Naca esperando una respuesta. Este acabó contando cómo aquella chica le había dado la comida y la bebida sin pagar nada.

—Veréis. La botella de bebida caduca hoy. Dado que esta tarde la tendrían que retirar de la estantería, porque mañana ya no la podrían vender, la chica dijo que me... nos la regalaba. En cuanto a la pizzas, la pizzera dijo que a principios de la tarde hacen nuevas pizzas, recientes, y como estas dos cajas son las que le habían quedado de la mañanita, que las podíamos llevar, que no me las cobraba.

Todos iban a aplaudir, pero con el trozo de pizza en la mano no pudieron hacerlo más que con el gesto. Sin embargo, las chicas, más rápidas en estas competiciones, reaccionaron rápido.

—¿Y tanto tiempo...? Inició, Bámel.

—No había nadie más... —Agregó, Pipa.

—Hombre, había que envolver las pizzas... —respondía, Naca, creyéndose con razón.

—Pero, que envolver ni que volver. En las cajas de pizzas no había ni un solo papel —remataba, Kano.

—Bueno, tuve que darle las gracias... —alegaba, Naca.

—Y un besito, ¿no? —Volvió a la carga, con toda la intención de los mundos, la inquieta, Bámel.

—Ja, ja, ja. Ja, ja, ja...

Estuvieron riéndose a carcajada limpia durante media hora. En ese tiempo no pudieron ni comer, salvo el afectado, Naca, que se puso las botas con un producto bueno, bonito y barato; mejor, gratis.

Acabaron de comer. Recogieron los desperdicios y Pipa los dejó en la papelera más cercana. Sin embargo, a Pipa Guleta, que no se le escapaba ninguna, antes de tirar las cajas de cartón de las pizzas recortó de las mismas un muñeco con sus manos. No estaba perfecto, pero tampoco era necesario. Lo guardó en la bolsa, se reunió con sus amigos y se fueron por el pasillo central. La princesa, con la excusa de que en la cabaña necesitaban un rollo de cinta adhesiva, entró en una papelería pequeña y lo compró. Continuaron pasillo arriba hasta un local con muchas luces, muchas pantallas, muchos juegos y mucho de todo. Era un salón recreativo. Eso decían, si bien alguno pensaba que si no llegaba a creativo como podía ser recreativo.

Estuvieron una hora muy bien. Algunas máquinas, las nuevas y mejores, solo funcionaban si metías la moneda de un euro; incluso, dos. Otras, las viejas y peores, funcionaban en forma libre, sin monedas. Eran el reclamo, claro. Sin embargo, para los cuatro amigos, dos euros era todo un capitalón. Por eso y porque ellos no iban por allí más que una vez al año, las máquinas gratuitas, aunque fueran viejas, estaban muy chulis.

Todo iba bien, hasta que un «lobillo» comenzó a molestar y a meterse con Pipa. Al principio, la princesa no le hacía caso, pero, tal vez por eso o porque era un chico maleducado, comenzó a darle pequeños tirones de la melena. Pipa, cansada, se encaró con él en voz alta.

—¿Quieres estarte quieto, tonto? ¡No me toques!

El chico maleducado no entendía el lenguaje de las personas educadas. Esta vez le propinó un nuevo tirón del pelo a Bámel.

Kano y Naca, que andaban en otras máquinas, se plantaron delante. Acto seguido, cinco cachorrillos más se pusieron a los lados. Así era siempre, los lobeznos son muy valientes cuando van en manada, puesto que individualmente son conejitos. Afortunadamente, dos guardias de seguridad, que se habían percatado de las molestias y que tenían fichado al muchacho y a su manada, se plantaron en medio con cara muy seria. Agarraron por el cinturón al chico maleducado, lo pusieron de puntillas y se lo dejaron muy claro.

—Último aviso, chico. O te comportas o, tras comunicar a la policía todas las que llevas hechas, te vas a dormir al calabozo.

El lobillo era un sinvergüenza, pero no era tonto. Se retiró, con sus compinches, a una máquina cerca de la puerta de entrada. Los cuatro amigos se fueron a otra máquina del fondo. Un rato después, los cinco lobillos alumnos se despidieron del jefe, porque aquellos vivían lejos.

Pipa se dio cuenta que el lobezno jefe se había quedado solo. Seguidamente, le pidió a su amiga que la acompañara al servicio que había dentro del mismo local. Los dos amigos, Kano y Naca, se quedaron expectantes. Ya en el interior del lavabo de chicas, la princesa le preguntó a su amiga.

—Hoy, ¿qué día es de mes?

—Hoy es veintiocho de diciembre, ¿por qué? —Y sin acabar, Bámel se dio cuenta. —Toma, hoy es el día de los Santos Inocentes.

—En efecto. —Confirmó la princesa, entre divertida y rabiosa. —Mira, le vamos a hacer una inocentada al chulillo ese...

—No, Pipa. Ese tío no me gusta —expresó desacuerdo su amiga.

—Tranquila. Este es un fierecilla maleducado que cuando se queda sin la manada es un corderillo. —Aventuró la princesa. —Aquí tengo el muñeco, le pongo un trozo de cinta adhesiva y lo guardo en el bolso de la cazadora. Cuando salgamos, tú vas delante, tropiezas a propósito contra una pata de su silla y, con ese golpe de distracción, yo le planto el muñeco en el anorak, justo en la espalda. Le pides disculpas con educación y continuamos.

A Bámel le entraron algo de nervios, pero con la emoción de la jugada, se atrevió. Salieron del servicio. Bámel le dio un toque con el pie a la silla del cachorro y Pipa le plantó el muñeco en la espalda. Aquella dijo «perdón» y el lobezno la miró sin más. Las dos amigas, muertas de todo, salieron al pasillo. Kano que se había apercibido de la inocentada, se quedó perplejo y expresó.

—¡Las chicas son capaces de todo!

Acto seguido, medio agarró de un brazo a Naca y dejaron el local con premura. Este no entendía nada, pero salió. Las dos amigas se habían quedado medio refugiadas en una tienda de ropa, mirando nada, desternillándose de risa. Kano y Naca se reunieron con ellas.

—Pero ¿qué pasa? Si me lo explicáis, pues, igual me río yo también —Así de desconcertado estaba, Naca.

Pipa y Bámel no podían explicárselo, no dejaban de removerse con la risa. El aturdido miró a Kano. Este respondió.

—Pasa que estas dos son unas... lanzadas. ¿Y si se hubiera dado cuenta?

Justo después, los cuatro se pusieron la mano en la boca para no montar un escándalo a carcajadas. Enfrente de ellos estaba pasando el lobito con su muñeco en la espalda. Lo siguieron con la vista. Tuvieron que sentarse porque se doblaban con la risa. Toda la semana tendrían con que reírse.

Acabó la excursión a Ponte Vella.

Se fueron por la salida contraria, subieron al bus en la estación de autobuses y se fueron a Verín. Nunca más vieron al lobillo. En el bus las chicas seguían riéndose, los chicos no tanto.

—¿Y si el lobezno se hubiera dado cuenta en el momento de colgarle el muñeco? —repetía, Kano.

—Calla, que entre los dos, a él solo, os lo habríais merendado —Sugirió, Bámel.

—Claro, ¿y vosotras? —replicó, Kano.

—Nosotras a reírnos, que es muy sano. Nos hace más guapas —aseguró, Pipa, entre sonrisas.

Efectivamente, las penas afean; las risas embellecen.

19 DINERO Y OCIO

Ellos ya sabían del valor del dinero. La vida les fue demostrando que con dinero se pueden adquirir ciertas cosas, las cuales contribuyen al bienestar emocional de las personas. No todo, no todo se compra con dinero, sería una idea falsa y errónea sostener que el dinero lo puede todo, pero es cierto que posibilita una vida relativamente más placentera.

Los cuatro se encontraban a menudo con limitaciones duras, que incluso afectaban a su alimentación. Por eso se propusieron ganar algo de dinero suplementario. Pipa propuso la idea mercantil de ampliar la elaboración y venta de sus productos. Claro que no podrían organizar todo un sistema comercial a lo grande, pero sí que podrían aumentar sus ingresos en forma significativa.

—Podríamos hacernos con unas bolsitas un poco más monas, llenarlas de tomillo curado y distribuirlas por las tiendas de alimentación, las farmacias y cualquier otro sitio que las quieran vender —esa era la propuesta de, Pipa, que era la de mayores iniciativas empresariales.

—Y en igual forma, podríamos entregar más leche, que a menudo nos sobra. Por otra parte, cuando sea la temporada, metemos las setas en unas cajitas y las distribuimos. Incluso, cuando rapemos a las ovejas, podemos vender adecuadamente su lana. Muchas mujeres la comprarían —todo eso fue anunciando la inquieta, Bámel.

—Y si a todas esas bolsitas de tomillo, tarros de miel, paquetes de lana, bolsas de castañas y etcétera les colocamos una etiqueta con el nombre de «La Guleta», eso nos dará prestigio y confianza en la marca —esa era la ocurrencia de Naca, que también tenía sus ideas.

Bueno, las ilusiones estaban muy bien, eran aplaudibles. Pero, tras las ilusiones venían las realidades y, en ese punto, casi siempre estaba Kano, quien contrapuso en forma razonada.

—Vale, chicos. A mí también me gusta todo eso. Reconozco que, al menos en una parte, es factible que podamos hacerlo, pero no podemos montar toda una industria de productos artesanales, porque vendrán los que tienen poder y, también algo de razón por hacerles la competencia ilegal, y nos hundirán. Tenemos que ir despacio, sin levantar mucho ruido. Sobre la marcha iremos viendo.

Y así empezaron. ¿Cómo se empieza a caminar? Caminando.

A los cuatro, pero especialmente a los tres amigos añadidos, aquello les dio mucho empuje, les sirvió para elevar su autoestima y empezar a enfrentarse a la vida, a los buitres de la vida.

Los chicos comentaron que tenían que mejorar todo el sistema de colmenas. Para ello, metieron sus manos en harina. A siete troncos de árboles, de un metro aproximado de largo, les quitaron parte de su materia interior para convertirlos en otras tantas colmenas. Los colocaron de pie y les pusieron una piedra plana encima con unos orificios para entrada y salida de las abejas. El objeto de esas piedras era que los troncos, al tener más peso encima, se aguantaran mejor contra el viento y, asimismo, para que les sirviera de tejado a las colmenas. Ya solo faltaba colocar dentro una larva para invocar a la reina y, a esperar, hasta que esta hiciera su nido, su casa.

—Esto está muy bien, —Dijo Kano —pero necesitamos algo de protección para que las abejas no nos coman al sacar la miel de las colmenas.

Con ánimo, con algo de inventiva y con algunos plásticos transparentes se las apañaron para elaborar, con remiendos y en forma bastante trapera, dos trajes parecidos al de dos astronautas pobres. La pretensión era que con los trajes las abejas no se cebaran con ellos. Bueno, eso de los trajes de astronautas, eh, solo se les parecía y, además, muy poquito.

Pipa los dejó hacer sus trajes de astronautas. Ella contaba con otra solución, aunque no estaban demás otras alternativas. Era curioso las cosas que podían pasar delante de nuestros ojos, pero nada, se nos iban como si no hubieran pasado. Lo cierto era que antes de llegar los tres amigos a la cabaña, Pipa ya tenía cuatro colmenas. Ella ya había extraído miel de las mismas, pero sin utilizar traje de buzo alguno, porque no lo tenía.

¿Y entonces? ¿Es que las abejas no pinchaban a la jefa de la casa? ¿No la pinchaban porque eran sus amigas? Pues no se sabía si las abejas tenían tan desarrollado el sentido de la amistad. No, más bien era el resultado de las hojas de dos plantas de la zona, las cuales desprendían un aroma que provocaba que docenas y docenas de abejas revoloteaban cerca su piel, pero nunca llegaban a contactar con la misma, por eso no la pinchaban.

A Bámel le cogían escalofríos ver que su amiga metía su cabeza y brazos hasta el fondo de la colmena y ni se inmutaba. ¿Cómo era posible?

—No es cuestión de meigas, Bámel. —Aseguraba victoriosa, Pipa Guleta. —No te creas todo lo que se dice. Mi abuela me enseñó a elegir la combinación de dos plantas, cortar sus hojas secas, hervirlas en dos litros de agua y embadurnarme con ella la cara y cuello, los brazos, piernas y cualquier otra parte no protegida con ropa. Supongo que con el aroma, con el olor que desprenden esas plantas, las abejas revolotean cerca de mi piel, pero nunca me han pinchado. Es física y naturaleza; no son *meigas* ni *bruxas*.

Ya solo quedaba envasar la miel y venderla.

El negocio de producido por las abejas ya estaba en marcha, era cuestión de ampliarlo industrial y comercialmente y convertirse en los capos de la miel. ¡Jo, cualquiera diría¡ Pero bueno, el gran J. M. Serrat cantaba algo así: «caminante, no hay camino, se hace camino al andar».

¡Vamos, que la vida nos la dan para vivirla ¡

Poco después comenzaron con el segundo proyecto: el de las setas. Ya comenzaban a aparecer las primeras de la temporada. La jefa Pipa jugaba con ventaja, con la ventaja que le daba haber tenido a la gran maestra Alicia, a la que aquella nunca olvidaría.

Una mañana bastante nublada, cogieron unas navajas, cuatro canastas y se fueron los cuatro a un bosque algo lejano, donde parecía ser que era muy propicio para la crianza de setas. Cinturón se quedó vigilando la cabaña. Los cuatro amigos y Coyote se fueron de ruta. Era la primera expedición de los cuatro juntos y con este cometido. Casi llenaron las cuatro canastas. Pipa hacía la selección.

—Yo sé con garantía, porque mi abuela me lo enseñó y porque yo las he tomado muchas veces, que las setas que hay en estas tres canastas son comestible y buenas. Las de esta otra canasta las hemos cogido porque, si llegamos a tiempo en esta tarde, bajaremos a Mourazos para que la auténtica experta nos de su veredicto y no diga cuales son buenas y cuales no son aptas para el consumo. En todo caso, hay setas que son comestibles, pero creo que no tienen buen sabor, así que yo las dejo en su sitio.

Les enseñó como coger las setas, sin arrancarlas, sino cortándolas por su pie para que volvieran a formarse la próxima temporada.

Pipa ya era toda una autoridad en la materia. Se había generado su propia base de datos en su dispositivo móvil, con nombres técnicos y fotos de toda clase de setas, clasificadas según fueran aptas o no para el consumo humano y animal. Le llamaba la atención el nombre de una de ellas que era preciosa: Parasol Geliwan Agaricus Procerus.

Cuando fueron a Mourazos, los amigos se quedaron anonadados. Esperaban que la experta en setas fuera una señora ya entrada en años, cuya experiencia le hacía decidir sabiamente. Pero, no, la experta era una cabra ya mayor, ciertamente, pero que no pasaba de eso. Pipa se acercó con la canasta de setas desconocidas. De un grupo de cinco setas iguales le dejó una sobre una piedra. La cabra se acercó un poco, se apartó y la dejó. Pipa le hizo una foto y la colocó en el archivo de setas no comestibles, separando las otras iguales para enterrarlas. Luego, de otro grupo de siete setas iguales, dejó otra seta sobre la piedra, la cual fue comida rápidamente por la cabra. Aquellas eran comestibles. Las identificó y las guardó para venderlas. La verdad era que la cabra solamente olía las setas. La que era mala, es decir, venenosa, ni la tocaba, mientras que la que era comestible se la comía en dos dentadas.

Eso nos enseñan muchos animales. Nosotros, que nos creemos inteligentes, vamos y los llamamos a ellos torpes e incapaces.

Pero como no solo de trabajar y ganar dinero viven las personas y, mucho menos si son almas jóvenes, ellos se propusieron fundar una banda de música. Tal vez la idea se había ido afianzando por las muchas horas de charangas, bandas, orquestas y grupos corales que durante el entroido se habían colado en sus vidas.

Con la participación de los cuatro, que en mayor o menor medida se habían esforzado, comenzaron su aventura de carácter musical, lo cual era mucho decir.

Pipa eligió su instrumento: la flauta. Ella había tocado algo una flauta cuando vivía su abuela. Esta, además de sus asignaturas de química y ciencias naturales, había sido profesora vocacional de música en un instituto privado de Verín. De ahí le venía a la nieta su afición por este instrumento de viento. Con una caña cortada del arroyo, la princesa se hizo una flauta, la cual sonaba fantásticamente bien, sobre todo, habiendo sido fabricada por manos inexpertas.

Bámel se adaptó una especie de castañuelas bastante rudimentarias, pero acompañaban, que de eso se trataba, las cuales alternaba con unas maracas que hacían más ruido que otra cosa. En cualquier caso, dado que allí lo que abundaba era el silencio, un poco de ruido pachanguero era soportable.

Naca se compuso un artilugio que pretendía ser un tambor, una batería, pero que ni era una cosa ni la otra, eso sí, espantaba mucho a pájaros despistados y a las fieras frágiles que pudieran andar por los alrededores.

Kano se puso en la boca una armónica que había encontrado en una papelera de Verín. Alguna nota ya no se escuchaba, pero tampoco se iba a notar mucho su ausencia. Algún tiempo atrás, Kano había practicado lo suyo con la armónica, aunque tampoco llegaría a ser nunca un Antonio Serrano tocando ese instrumento.

Con todo ello, formaron una banda musical de lo más guay. Bueno, el primer concierto fue, seguro, un total desconcierto, pero fueron mejorando y se lo pasaban en grande.

Una noche de mediados de junio se armó una tormenta parecida al diluvio universal, con mil litros de lluvia, con la misma cantidad de mil truenos y otros tantos de relámpagos. Bámel quiso meterse debajo de la cama, pero no pudo, no había sitio. Pipa agarró su flauta y se puso a tocar algo que pretendía parecerse al Concierto de Aranjuez del maestro Rodrigo. Acabó aquella y comenzó con un rock. Los dos chicos la siguieron con su batería y su armónica. Bámel acabó sumándose medio temblando. Los relámpagos dieron paso al viento huracanado que soplaba por los cuatro lados de la cabaña. Poco después la tormenta y el viento cesaron. Pipa confirmó con entusiasmo.

—¿Quién dijo que la música, si no es del todo buena, no amansa a las fieras?

Al día siguiente, la jefa les dijo que hoy les iba a invitar a comerse un potaje que ella llamaba «potillo», el cual estaría tan bueno que se iban a chupar hasta las uñas de las manos. Le puso agua buenísima del manantial del puente, agua que sabía a agua, no a cloro ni a otros pesticidas semejantes; después le puso dos chorizos auténticos de la casa Herminia de Mourazos, la mitad para cada uno de los cuatro; unos garbanzos hermosos de la misma casa del pueblo y, todo ello, lo dejó que hirviera sin prisas. Más tarde también le puso unas patatas peladas, sin herbicidas ni otros *quimiocidas* similares. En ese punto, añadió una buena cucharada de manteca sin conservantes ni colorantes. Y venga, que el Dios del fuego hiciera el resto.

Con una hogaza enorme de pan casero, acabaron con el potillo, un poco más y se comen hasta la olla. Después de tal comilona, los cuatro huérfanos emprendieron la siesta más grande de sus vidas, como si les hubieran cantado una nana de cuna interminable. Durmieron cuatro horas como cuatro ositos hibernando.

Por la noche, claro, ¿Quién duerme ahora? Que duerman las sábanas solas, puesto que con los cuatro amigos ni contar.

Dado que en la cabaña, salvo que se subieran a los chopos, no había cobertura de móvil ni internet, decidieron repetir el «juego de la botella», que no era original precisamente, pero tampoco buscaban exclusivas.

—Este juego se hace con compañero. —Explicaba Naca, que, al tratarse de juegos, él se convertía en el maestro de ceremonias. —Primero tenemos que formar las parejas. Veréis, sobre la mesa hay una botella vacía de cerveza, la cual nos servirá. Cada vez le dará uno un empujón por su trasero para que gire sobre sí misma y, al que apunte su cuello y boca, ese será el primer miembro de la pareja

Hecho. Salió, Pipa. Luego repitieron la operación, quedando señalado, Kano, que sería el compañero de Pipa y, con ello, quedó formada la primera pareja. Los otros dos que quedaban, Bámel, y Naca integraron la pareja segunda.

Que las parejas quedaran formadas con esos miembros parecía hecho a propósito, pero no necesariamente. La casualidad existe. Eso decían los mayores con más experiencia.

—Estos bosques no tienen secretos para nosotros. Primero se esconde una pareja y después la otra. La pareja que busca tiene que permanecer un minuto en el interior de la cabaña para que la otra se esconda. La que aguante menos tiempo escondida antes de ser descubierta, pierde. La pareja que pierda tendrá que fregar los platos toda la semana.

Sí, el castigo era duro, pero el juego es el juego. Si no puedes soportar el castigo, no juegues.

Naca y Bámel se escondieron en un barranco en la zona sur. La otra pareja los encontró en un minuto y dos segundos.

—Jo, nos habéis visto, sino no nos habríais encontrado en tan poco tiempo. Sois unos tramposos —se quejaba, Bámel.

Era verdad, habían jugado con ventaja. No los habían visto esconderse, pero Pipa solo tuvo que fijarse hacia donde miraba Coyote para dirigirse de inmediato hacia la zona.

Seguidamente invirtieron los papeles. Kano y Pipa se escondieron por encima de la pista forestal, no sin antes hacerle una señal a Coyote para que se tumbara. La otra pareja buscó por el curso del río, dieron la vuelta a la cabaña. Utilizaron más de diez minutos. Nada. Al final, Pipa y Kano regresaron victoriosos y felices.

—¡Hemos ganado, hemos ganado! Fregareis los platos, gracias —se congratulaba, Pipa.

—Hala, sí que habéis tardado en venir. Hace media hora que hemos dejado de buscaros. ¿Es que os habéis estado contando los pelos de la cabeza?

La vida no es una línea recta, tiene escondites.

Nadie contestó nada.

20   DOMINGO EN LA PLAYA

Estaban en posición de descanso. Las chicas sobre la hamaca arcoíris, con cuyo balanceo eran felices. Los chicos, recostados sobre los chopos, también lo eran. Pero la sangre que circula por las venas de los que andan cerca de cumplir los quince años no necesita tanta pasividad, así que Bámel propuso.

—¿Vamos mañana domingo a la playa?

—Ya lo tengo. Podríamos ir a Riazor de A Coruña. ¿Qué os parece? —contestó sin respirar, Naca, que estaba en todas.

—Sí, pero nos tendremos que quedar a fregar platos, porque entre el trayecto de aquí hasta Verín, el bus a Ourense y el tren hasta A Coruña, ida y vuelta, nos costará un pico. Encima tendremos que comer algo los cuatro. No sé... —alegaba, Pipa.

—No hay problema. Las dos chicas os podríais ligar al dueño del bar y al cocinero y así también comeríamos gratis los chicos. —Olé, tal como suena, Kano se había lanzado a la piscina. No eran muy habituales en él estas salidas, pero este verano estaba lleno de energía y lo demostraba.

—Anda, míralo. —Objetó Pipa, tras removerse en la hamaca y mirarlo. —¿Y por qué no ligas tu a la dueña, y así comemos gratis nosotras?

Las ofertas no tuvieron comprador. Al día siguiente y como siempre, agarraron lo mínimo, incluidos los bañadores de los cuatro, dos sombreros *chulis* para las chicas y dos gorretas descoloridas para los chicos. Estos se llevaron una mochila cada uno para las toallas y algunas cosillas más.

Durante la ida, de Verín a Ourense, les dieron las diez de la mañana. Dado que habían entrado en el mes de junio, el calor ya espabilaba los sentidos. El conductor llevaba puesta música de la radio.

Comenzó a sonar la canción, en gallego, de Piciños / Romero, que unos titulaban como «A Rianxeira» y otros como «Ondiñas veñen». Los cuatro amigos, que puestos de marcha les daba igual ser unos cantamañanas que unos cantanoches, arrancaron a cantarla desde la primera estrofa.

«A Virxen de Guadalupe cando vai pola ribeira,

(La Virgen de Guadalupe cuando va por la ribera)

Descalciña pola area parece unha rianxeira,

(Descalcita por la arena parece una «rianxeira»).

Ondiñas veñen, ondiñas veñen, ondiñas veñen e van...».

(Olitas vienen, olitas vienen, olitas vienen y van...).

Un hombre mayorcete, que con su compañera iba en los asientos posteriores, empezó a refunfuñar contra los mañaneros alborotadores.

—¡Ya está bien! Sí que empiezan pronto. Que duerman, que mañana se dormirán en el cole.

—Déjalos, hombre. ¿No ves qué tienen quince años? Yo también lo haría, si pudiera. ¡Ya me gustaría!

El hombre la miró y ve a saber lo que pensó.

Sin embargo, cuando repetían el estribillo, la práctica totalidad de los pasajeros del bus se habían sumado a cantarear la canción. Hasta el chofer lo hizo. Incluso la señora acompañante del hombre mayorcete se atrevió con un aplauso.

Bámel, viendo la excelente acogida de los acompañantes, le dijo a su amiga.

—Muy bien, pero nos podían pagar el billete por alegrarles la mañana. Nos lo merecemos.

—Y la comida. ¿Pasamos el sombrero? —respondía la amiga siguiendo el cachondeo.

Pero, no, no lo hicieron. Alcanzaron la ciudad de A Coruña. Se fueron medio corriendo a la playa. Tiraron las dos mochilas sobre la arena; se quitaron la poca ropa que llevaban; con ayuda de las toallas, se pusieron los bañadores; y, con las prisas de los necesitados, se lanzaron al agua a desafiar las olas que sin parar venían. Los chapuzones eran tan frecuentes que las cabezas estaban mucho más tiempo dentro del agua que fuera de esta. Cuando las olas se cansaron, los cuatro sintieron que necesitaban un reconstituyente para recuperar fuerzas.

Recogieron lo dejado encima de la arena y decidieron ir a comer algo baratito. Contaban con un presupuesto de tres euros por cabeza.

¡Cómo para sufrir un empacho!

Bajaron por la Avenida Habana. En un momento dado vieron una especie de patio con unas mesas a modo de terraza de bar. Naca se fijó en algo que le animó y hacia allá se fue. Los otros tres rectificaron el sentido de la marcha y, para no dejarlo solo, tras él se fueron.

Los cuatro se quedaron observando a un hombre ya un tanto veterano, entre los sesenta y cinco y los setenta años. Entrado también en peso, pues se notaban bastante más los kilos que los años. Aunque hacía calor, vestía un traje oscuro bastante desaliñado. Por debajo de los tobillos se veía un calzado deportivo, desgastado y con los cordones sueltos y rotos. La estampa no parecía la de un alto ejecutivo, sino más bien la de un enteradillo vividor con bastante fachada. Sin embargo, lo que más llamaba la atención era que de su cuello colgaban dos corbatas, o tal vez fuera una dividida en dos. A Bámel se le ocurrió: Anda, «un corbatillas».

El hombre estaba pretendiendo quedarse con el resto de los clientes de la terraza. Entre sus dos manos se movían tres cartas que intercambiaba con cierta soltura de un lado a otro.

A Naca se le hinchó la vena de gran mago, aunque algunos dirían que se puso en modo «trampero». Tras observar los movimientos del hombre «corbatillas», le preguntó.

—¿Cuánto vale cada jugada?

El preguntado miró a Naca, un inocente de quince años. Pensó que el chico era una presa fácil, así que se dispuso a no abusar. Por eso, rebajó sus pretensiones y le comunicó en forma bastante soberbia.

—Para ti, solo un euro. ¿Te animas?

Naca contraatacó convencido del negocio. Poniendo cara de despistado, le ofertó al corbatillas.

—Y si yo triplicara mi apuesta de uno a tres euros, ¿tú a cuánto subirías?

Kano saltó de inmediato ante la propuesta inversionista de Naca, que no entendía de ninguna manera. Primero, el corbatillas parecía medio profesional, solo medio, vale, pero Naca era un mero aficionado sin posibilidad de éxito alguno. Segundo, los tres euros que, con toda seguridad, su amigo iba a perder eran todo lo disponible para su comida, lo cual parecía poco sensato quedarse sin comer por una partida tramposa. Intentó hablar con Naca, pero este estaba muy convencido.

El corbatillas, crecido en su ego, liberó un poco su cuello desabrochándose un botón de su camisa y respondió con una oferta irrenunciable.

—Ah sí, pues mira chiquito. Si tú eres tan valiente, yo seré mucho más. Si tu subes tu apuesta a tres euros, yo subo la mía a... sesenta euros. Pero quiero ver tus tres euros aquí encima de la mesa, que no me fío de imberbes como tú.

—Kano, dame tres euros —pidió, casi ordenó, Naca, mientras asomó su mano derecha por detrás para recogerlos.

El amigo banquero quedó descolocado. Kano era banquero porque todos ellos, especialmente las chicas, habían decidido que el poquito caudal de que disponían lo guardara él. Sin embargo, Kano miró a su compañero y dudó. No quería que su amigo se quedara sin comer, pero tampoco quería dejarlo en ridículo delante del corbatillas y demás clientes del bar que estaban todos expectantes.

Pipa y Bámel sentían que no debía darle los tres euros. Kano pensó que no podía negárselos, eran suyos. En todo caso, ya compartiría con él su ración de comida, de lo que fuera, que por un día no iba a pasar nada malo.

Naca recibió sus tres euros y, seguidamente, este los puso encima de la mesa. El corbatillas estaba acostumbrado a hacer lo que quería, puesto que los del bar no le rechistaban. No obstante, como que aquellos cuatro eran forasteros, decidió ponerse a la altura. Sacó de su cartera varios billetes, seleccionó uno de cincuenta y otro de diez y los puso encima de la mesa.

La tensión para unos, emoción para otros, iba subiendo. El corbatillas acarició sus tres cartas, movió los dedos como si pretendiera tocar un piano y se dispuso a dar una lección a aquel mocoso.

Naca estaba completamente concentrado. El resto del mundo no existía, tan solo los dedos del hombre mago. Reconoció el truco del primer movimiento de cartas. En el segundo se perdió. En el tercero se quedó rehaciendo mentalmente lo que el corbatillas había hecho fugazmente.

—Ya está. ¿Dónde quedó el as de copas? —Se le oyó al corbatillas, en medio de una sonora sonrisa.

Pipa, Bámel y Kano no respiraban. Su sistema respiratorio se había quedado bloqueado. No es que se jugaran la vida, pero esa clase de juegos no eran recomendables, en absoluto. No obstante, una vez dentro había que aguantar el tipo.

Naca recordó a su profesor en la materia:

«*Cuando no sepas a donde ha ido a parar la carta, apuesta por la primera posición. De ahí ha salido y ahí volverá*».

En ese momento, Naca estaba agarrotado, como si llevara una media hora sin respirar. Ni siquiera podía levantar el brazo. Reunió fuerzas, llevó su mano encima de la primera carta, la levantó y... ¡el as de copas!

Los tres amigos no pudieron controlarse y se abrazaron como si el premio fuera de millones de euros. Con el amigo de los tres, por respeto o por miedo, no se atrevieron.

Naca, cual jugador experto y maduro, recogió la apuesta de sesenta euros de la mesa, así como la suya de tres y se despidió con algo de sorna.

—Hasta la próxima.

Al corbatillas ni se le oyó. Nadie supo si se quedó traumatizado o infartado. Naca giró sobre sí mismo y se puso a andar hacia la calle por la que habían bajado. Los tres amigos le siguieron, en silencio.

Después de desviarse por varias calles y tener creencia de que al corbatillas ya lo habían perdido, los tres se pusieron a saltar para celebrarlo. Naca seguía agarrotado. No pudo corresponder a las felicitaciones, seguía prisionero.

Bámel vio que en la cristalera de un restaurante aparecía una hoja Din A4, en cuya cabecera se leía que hacían menús. Se acercaron y la leyeron todos. El menú, de comida bien, aunque humilde y sin flores, costaba quince euros. Los cuatro pensaron exactamente lo mismo: justo, los sesenta euros ganados para la comida de los cuatro.

Hay que ver como resultan las cosas de tanto en cuanto. El menos sensato, Naca, esta vez les había regalado la comida.

Comieron en la última mesa. Lo hicieron como personas acaudaladas. Ya era muy tarde, tanto que ya no quedaba nadie. Más bien parecía una cena tempranera. Comieron en silencio, como comen los hambrientos. Cuando el hambre había quedado atrás y ya se atrevían a hacerse bromas, Pipa, que era la que menos conocía el pasado anterior del mago Naca, dijo en voz alta, mirando a Kano y señalando con el dedo a Naca.

—¿Dónde aprendió este a descubrir esos trucos?

—No sé si ya los conocía de antes, pero creo que fue en vísperas del orfanato. Le van estas cosas —se mojó, Kano.

—Naca podría dedicarse a esto, se ganaría bien la vida —apuntó, Bámel, como si meterse en ese mundo fuera una opción razonable.

—No, Bámel, no, más nos vale que no. —Afirmó seriamente, Pipa. —Esta vez lo hemos apoyado por la chulería del corbatillas, que le estuvo bien empleado, pero de esto hay que retirarse totalmente, ya que los beneficios que se sacan son producto de la manipulación y del engaño. Tendría muchos problemas. Yo no quiero un amigo «trampero».

El interesado, Naca, no decía nada. Seguía pensando en la suerte que tuvo, porque de desmontarle el truco al corbatillas, nada de nada.

Se plantearon ir a una discoteca juvenil, de tarde, ya que de noche no podían por horarios de trenes y su regreso a Verín. Encontraron una sala llena de gente de su edad, de gente guay. Naca se sentó y, al contrario de lo habitual, no pisó ni la sala de baile. Pipa le preguntó a Kano por Naca, que porqué estaba así de raro.

—Se debe de estar recuperando. Creo que todavía lleva el susto en el cuerpo —apuntó, Kano.

Al final tuvieron que correr para no perder el tren entre A Coruña y Ourense. En el trayecto, una señora comenzó a escuchar, a través de los auriculares enchufados a su móvil, la canción del momento, la canción de Marc Antony, titulada «Vivir mi vida». En un descuido, el móvil se fue al suelo. Tras un tirón, los auriculares se desconectaron y el sonido del dispositivo móvil se hizo audible para todos.

Arrancaron los cuatro, como embestidos por un toro bravo, a cantar dicha canción, si bien en una adaptación algo libre:

«*Voy a reír, voy a bailar, vivir mi vida, la la la la la,*

Voy a reír, voy a gozar, vivir mi vida, la la la la la.

A veces llega la lluvia, para limpiar las heridas,

A veces sólo una gota, puede vencer la sequía.

Y para qué llorar, pa qué, si duele una pena, se olvida,

Y para qué sufrir, pa qué, si así es la vida, hay que vivirla.

Voy a reír, voy a bailar, vivir mi vida, la la la la la.

Voy a reír, voy a gozar, vivir mi vida, la la la la la.

En el vagón del tren hubo contagio de la fiesta. Se montó una buena jarana. Vino el interventor, pero dado que todo era alegría y que no había nada roto ni reprochable, quiso quedarse, aunque acabó dando media vuelta y yéndose a su despacho.

Alcanzaron la cabaña agotados. ¿Quién hacía la cena? Nadie contestó. Pues más ligeritos se fueron a dormir. Durmieron como bebés en su cuna.

21 ANOCHECER Y AMANECER

*** El anochecer ***

Bámel estaba animada. Propuso irse a la playa a Vigo. Este sábado hacía muy buen día. Naca aceptó de inmediato.

—A mí no me apetece. Id vosotros —se excusaba, Pipa.

Naca, un tanto inoportunamente, comentó que en aquella cabaña solo se iba a la playa cuando a la princesa le apetecía.

Bámel, sin embargo, siendo conocedora de que su amiga estaba con la menstruación, aceptó la posición de Pipa de mucho mejor manera.

—Pues que Pipa no venga. Nos vamos los tres y que ella nos tenga la cena preparada para cuando volvamos —así, tan cretinamente, hablaba Naca.

Kano, que primeramente solía escuchar y después se pronunciaba, intervino con cierta templanza.

—A mí tampoco me chifla ir hoy a la playa. Por mi podéis ir vosotros dos a Vigo. Pipa y yo nos quedamos por aquí, pero la cena os la haréis vosotros, que el que quiera pescado que se ponga a pescar.

—Hecho. Nos vamos Bámel y yo, que somos los mejores. Vosotros veréis. Sois un poco muermos —Naca cerró la conversación de esa forma un tanto abrupta.

Mientras Naca decía esto a modo de despedida, cogió su mochila con el bañador. Después, calculó el dinero que necesitaban los dos para los viajes y poder tomar un bocadillo de tortilla francesa. Tras ello, inició el camino hacia la pista forestal por donde vendría el todoterreno de Contodo. Bámel, por no dejarlo solo, hizo a Pipa y a Cano una señal de despedida y se fue tras el amigo playero.

Ya en la ciudad de Vigo, Naca se paró en un semáforo y le propuso a Bámel un negocio.

—Para ganar unos eurillos, mientras el semáforo permanece en rojo podríamos situarnos delante de los coches y realizar las piruetas gimnásticas que hacíamos en el orfanato, ¿vale?

Bámel, que no necesitaba mucho para ponerse a danzar y mover el esqueleto, aceptó. Solo puso como condición que la gorrita para recoger las propinas, que había que pasarla por las ventanillas antes de que los automóviles arrancaran, la pasara él. Y así fue.

Ahí empezó a cambiar el rumbo de dos vidas.

Mientras hacían sus juegos malabares con las manos y, tras el siguiente cambio de semáforo ensayaban una bachata, el mandamás del circo más famoso de Chile estaba tomando café en la terraza de enfrente. El circense los vio y apreció que los dos chicos tenían madera. El hombre debía de tener un microscopio en cada ojo. Cuando los dos amigos percibieron que el negocio del semáforo no era tan rentable como esperaban, recogieron la paradita y, caminando, pasaron delante del circense. Este los llamó y los invitó a almorzar. Aquello pintaba bien.

Entretanto, Bámel y Naca se preguntaban que quería el hombre aquel, puesto que no parecía un buen samaritano. Poco después, sorprendidos como si los empujaran a la piscina desde un trampolín de cincuenta metros, el circense les ofreció irse a Chile con él e integrarse en la compañía del circo más internacional de toda América, a la cual llamaban El Cometa. Les prometió que estarían encantados, con dinero y con felicidad.

La sorpresa se apoderó de los dos amigos. Bámel dudó y dudó. El circense apremió con que tenían que decidirlo ya, puesto que en una hora, él solo o acompañado tendría que irse al aeropuerto de Vigo para partir hacia Chile. No cabía espera, o sí, o no.

Bámel argumentó que le encantaría, pero que era una jugada marcharse sin despedirse de nadie, sin decírselo a sus amigos por si quisieran acompañarlos.

Naca apreció que era la oportunidad de su vida, de salirse del mundo donde estaba, el cual no le satisfacía en exceso. Era la ocasión de olvidarse de los orfanatos. Añadía que la figura y simpatía de Pipa sí tendrían éxito en el circo, pero Kano era un muermo, que era hora de despegarse de él. Que, en todo caso, se lo dirían por videollamada cuando llegaran a Chile. Si para entonces quisiera venir Pipa, que a ella la reclamarían.

Al final, Bámel, con muchos apuros, cede ante la ilusión y los argumentos de Naca. Se van al circo, a vivir la magia. Desde el aeropuerto de Vigo ponen rumbo a Chile. Se puso el sol.

Comenzaba la noche.

El anochecer.

*** El amanecer***

Los dos amigos, Pipa y Kano, estaban al fresco en el exterior de la cabaña. No era posible reunir mucho fresco porque el calendario marcaba el 25 de junio; todo estaba más bien hirviendo.

Además, dado que, conforme a ese calendario, aquella ya era la última semana de junio, ello suponía que esos dos amigos estaban muy próximos a cumplir los quince años.

Importantísimo.

No obstante, Pipa y Kano estaban muy preocupados. Llevaban tres días sin saber nada de Bámel y Naca. Preguntaron en todos los lugares y a todas las gentes conocidas. Nada. La tierra se los había engullido. Pipa recordó aquella misma sensación vivida cuando los tres amigos desaparecieran sin dejar huella y, después de más de un mes, aparecieran en el orfanato. Menos mal que esta vez era muy diferente, pues ahora no estaba sola, Kano seguía con ella.

Había llegado la semana de los cumpleaños, en la que ambos cumplirían los quince años. El planeta Tierra resplandecía en medio del universo. Ellos no cumplían años el mismo día, pero solo había cuatro días de diferencia. Kano los cumplía el 27 de junio, mientras que Pipa lo hacía el 1 de julio. No quisieron celebrar dos cumpleaños separados por cuatro jornadas de diferencia, aunque los días de nacimiento fuera una decisión de la madre naturaleza, pues ellos no habían decidido que Pipa viniese a este mundo cuatro días después que Kano.

Sin embargo, el sentido de la igualdad era tal entre ambos, tan llevado hasta el punto máximo, que decidieron que solo celebrarían un cumple, justo dos días después del de Kano y otros dos días antes del de Pipa. Por tanto, el 29 de junio fue el día elegido.

Comenzaron a retirarse las penumbras.

Estando en Verín, la mañana siguiente, donde sí que había cobertura, sonó el móvil de Pipa.

—Menos mal, Bámel. Este susto no te lo perdonaré en mi vida. ¿Dónde estáis, cabritos? —reaccionaba la princesa después de tener que sentarse por el medio sofocón recibido.

Bámel les explicó que estaban en Chile. A Bámel no se la oía especialmente feliz, estaba contenta, pero no eufórica. Naca les dijo que se habían integrado en una compañía maravillosa de circo, que era sumamente emocionante, que allí podría desarrollar sus dotes de magia.

—Pero ¿cómo habéis ido a Chile? ¿Eso dónde está? —preguntaba, Kano, sin creérselo del todo.

—Veniros a esta tierra. Os esperamos, y si no os gusta del todo, volvemos a la cabaña —ofrecía, Bámel, con cierta vehemencia, sin contestar a la pregunta anterior.

Pipa respondió que no, un no rotundo. No iba a dejar solos ni abandonar a sus animalitos a su suerte. Kano dijo que también se quedaba, definitivamente. Además, sin llegar a verbalizarlo, pensó para él, solo para sí mismo, pero mirando disimuladamente a la princesa:

«Yo tampoco te voy a dejar sola; no te abandonarte a tu suerte».

Era claro que los sentimientos de Kano no habían sido expresados a los cuatro vientos, para que los oyera todo el mundo, ni siquiera, Pipa, pero eran sus sentimientos. Ahora estaban creciendo; puede que pronto madurasen.

Los cuatro amigos se despidieron con muchísima nostalgia. Era posible que no volvieran a verse todos juntos nunca más.

Los dos, Pipa y Cano, regresaron a la cabaña bastante compungidos. Ahora ya eran solo dos. Las cosas habían cambiado. Seguramente los dos creyeron que para mejor, pero había que esperar, puesto que las cosas son cuando son, no antes.

Por fin llegó el día elegido.

No era el 27 de junio, ni tampoco el 1 de julio, días reales de cumpleaños. No importaba. Nunca importaría. Ellos dos, a partir de ahora, cumplirían años el 29 de junio. Nadie les robaría ese día.

La noche anterior se prometieron que, el día siguiente, se levantarían una hora antes de nacer el sol.

—¿Qué día es hoy? —le preguntó Kano.

—¡29 de junio¡ El día más grande de todos los días.

Cumplieron con su promesa. Iban a celebrarlo. Subieron caminando río arriba, sin los perros mastines, ellos dos solos. Eran dos almas vivas. De vez en cuando las manos se rozaban y algo se tocaban, pero después se separaban otra vez. Bordearon la roca mítica, mágica, la roca central de As Falcoeiras. Por el lado del reguero su altura desmayaba, cerca de un kilómetro, pero por la cara opuesta su distancia era inferior, si bien inaccesible para ellos. Consiguieron, no obstante, trepar por la base inclinada de la roca unos cuantos metros. Habían ganado altura. Estaban en una especie de pedestal esculpido por la erosión de la lluvia y el viento durante el paleolítico. Allí se sentaron, cogidos de la mano. Ahora ya no se separaban. Se sentían el Dios Ra y la Diosa Neith. Con el mundo a sus pies.

Pipa estaba sentada de forma que la cara norte de la roca se reflejaba en el agua del río. Y ¡buuun! su corazón se le paró. Claro que lo había visto antes. El rostro esculpido en la roca central de As Falcoeiras, cuya efigie ella tanto había admirado, era el de Kano. Seguro. Giró su cuello y miró a Kano. Eran... exactos. Eh... digamos que eran muy parecidos. Bueno... algo sí se parecían, pero cuando ya tienes alma y cuerpo de mujer y la imagen de un chico te gusta hasta la adoración, esa imagen la ves en una roca grandiosa, en la cumbre de una gran montaña y, claro que sí, en el mismo firmamento.

La pareja, Pipa y Kano, continuaban en el pedestal de la roca más emblemática del entorno. Se quedaron esperando a que el señor sol se acercara un poco, otro poco más, hasta que ya estaba cerca de asomarse por detrás de la montaña. Su resplandor era imponente. Era la fuerza del astro rey iluminándolo todo. Sus ojos también. Sus corazones también.

Sus deseos también. En el momento en que comenzaran a ver el círculo solar, deslumbrante, sería el momento en que ellos ya tendrían los esperados y deseados 15 años.

El círculo solar estaba a punto de asomar. Ese momento no se lo perderían por nada de este mundo. No había nada tan importante como ver amanecer el sol de ese día. Tendrían quince años. Cuando la primera línea de la circunferencia solar iba a mostrarse, ellos dos, por instinto, por deseo, por necesidad, se giraron la una hacia el otro, el otro hacia la una, se miraron y se perdieron la salida del sol.

Era el amanecer.

Pipa pensó:

«Solo me perderé este amanecer por el sabor de sus labios».

Kano pensó:

«Solo me perderé este amanecer por el sabor de sus labios».

Ambos se perdieron el amanecer más precioso del sistema solar, pero sus labios se acercaron un poco, y se acercaron un poco más, hasta que encima de sus cabezas se dibujaron los colores preciosos de un arcoíris lleno de mariposas felices que bailaban por un jardín estelar incomparable.

Aquel era el verdadero amanecer. Aquel estaba siendo el primer beso de ella, con Kano, y con cualquier otro chico. También era el primer beso de él, con Pipa, y con cualquier otra chica.

Habían estado muchas veces solos. Se habían mirado otras muchas veces con ganas. Nunca se atrevieron. Esta vez no les importó perderse el amanecer desesperadamente esperado, porque la sensación de sus labios era más necesitada, mucho más sentida, muchísimo más deliciosa que su quince cumpleaños y su amanecer solar entre montañas.

www.ingramcontent.com/pod-product-compliance
Lightning Source LLC
Chambersburg PA
CBHW060834190426
43197CB00039B/2597